—— Johnny Grasser ——

MICH BREMST NIEMAND AUS

Johnny Grasser

MICH BREMST NIEMAND AUS

Wie ich
~~trotz Behinderung~~
ein Leben
voller Sport und
Abenteuer führe

Zusammen mit
Christoph Cöln

Bibliografische Information der Deutschen Nationalbibliothek
Die Deutsche Nationalbibliothek verzeichnet diese Publikation in der
Deutschen Nationalbibliografie. Detaillierte bibliografische Daten
sind im Internet über http://dnb.d-nb.de abrufbar.

Für Fragen und Anregungen
info@rivaverlag.de

Wichtiger Hinweis
Ausschließlich zum Zweck der besseren Lesbarkeit wurde auf eine gender-
spezifische Schreibweise sowie eine Mehrfachbezeichnung verzichtet. Alle
personenbezogenen Bezeichnungen sind somit geschlechtsneutral zu verstehen.

Originalausgabe
1. Auflage 2023
© 2023 by riva Verlag, ein Imprint der Münchner Verlagsgruppe GmbH
Türkenstraße 89
80799 München
Tel.: 089 651285-0
Fax: 089 652096

Redaktion: Sebastian Brück
Umschlaggestaltung: Marc-Torben Fischer
Umschlagabbildung: © Simon Spädtke
Abbildungen im Innenteil: © privat / Johannes Grasser
Satz: Helmut Schaffer, Hofheim a. Ts.
Druck: CPI books GmbH, Leck
Printed in the EU

ISBN Print 978-3-7423-2007-0
ISBN E-Book (PDF) 978-3-7453-1752-7
ISBN E-Book (EPUB, Mobi) 978-3-7453-1753-4

Wir produzieren
nachhaltig
www.m-vg.de

Weitere Informationen zum Verlag finden Sie unter
www.rivaverlag.de
Beachten Sie auch unsere weiteren Verlage unter www.m-vg.de

Inhalt

Kapitel 1 – Der Felsen

Es ist grau und kalt, als wir uns im November 2021 ins Gebirge aufmachen. Der Himmel hängt traurig über dem Land. In den Tagen zuvor hat es ausgiebig geregnet. Es sind keine guten Bedingungen zum Klettern, aber wir fahren an diesem Tag trotzdem in die Eifel, um dort zu trainieren. Unser Team besteht aus sechs Leuten. Paul, der Helfer. Tobi, der Regisseur. Simon, der Kameramann. Janek, der Physiotherapeut. Mirjam, die Bergführerin. Und ich, der Extremsportler mit Handicap. Ich habe lange auf diesen Tag warten müssen. Bisher bin ich immer nur in der Halle geklettert und das ist nicht vergleichbar mit einer Klettertour im Freien, an einem richtigen Felsen, unter realen Bedingungen. Dazu noch bei miesem Wetter.

Nun sitze ich also mit den anderen in einem umgebauten Kleintransporter, der vollgestopft ist mit Ausrüstung, aus dem Radio nudelt ein Gute-Laune-Lied, es wird wenig geredet, die Stimmung ist gedämpft. Paul macht eine lustige Bemerkung, um irgendein Gespräch in Gang zu bringen. Ich schaue aus dem Fenster und sehe die Herbstlandschaft vorbeiziehen. Bäume und Sträucher stehen kahl in der Gegend herum. Ich frage mich, ob ich es wirklich packen kann. Oder ob das Projekt, das ich mir vorgenommen habe, nicht eine Nummer zu groß für mich ist. Die Besteigung des Zuckerhuts in Rio de Janeiro.

Viel zu viele Gedanken schießen mir auf einmal durch den Kopf. Mein Gesicht spiegelt sich im verregneten Wagenfenster, aber nur die eine Hälfte, die andere liegt im Schatten. Ich hole tief Luft und denke daran, was ich schon alles geschafft habe, wo ich hergekommen bin und wie viele Widerstände ich schon überwunden habe. Mein ganzes Leben lang. Ich entspanne mich. Ich bin dankbar, dass mein Team dabei ist, dass sie sich mit mir auf dieses Abenteuer einlassen. »Leute«, sage ich plötzlich, »ich freue mich tierisch auf den Felsen.« Die anderen drehen sich zu mir herum. Paul grinst: »Johnny, das wird richtig geil.«

Am Felsen läuft es zunächst nicht nach Plan. Nach der Ankunft am Parkplatz haben wir Mühe, den Felsen überhaupt zu erreichen, müssen unsere Ausrüstung auf tiefem Boden bergauf schleppen und werfen dabei immer wieder einen Blick auf die Uhr. Wir sind spät dran. Es ist schon kurz nach zwei am Nachmittag, nicht gerade die beste Kletterzeit. Bald wird es dunkel und wir haben noch einen richtigen Brocken vor uns. Besser gesagt, *ich* habe noch einen Brocken vor mir. Für andere Kletterer wäre der Felsen eine gute Aufwärmübung. Für mich ist er eine enorme Herausforderung.

Der Felsen, den ich hochklettern will, ist ungefähr 20 Meter hoch, seine Wände sind dunkelbraun, steil, zerfurcht und feucht. Angesichts der widrigen Bedingungen wirkt es nicht so, als habe er auf jemanden gewartet. Für Bergführerin Mirjam kein Problem, sie braucht nicht mal zehn Minuten, um oben anzukommen. Schnell baut sie einen Standplatz auf, hängt zwei Sicherungsseile ein – ein blaues, an dem ich hänge, und das gelbe, an dem Paul hängt. Bevor Paul und ich uns unten an den Felsen heranwagen, gibt Mirjam von oben noch ein paar Instruktionen und Kommandos. Dann gibt sie das Zeichen, dass es losgehen kann. Wir steigen vorsichtig in die Wand ein.

Die erste halbe Stunde ist ernüchternd. Immer wieder rutsche ich ab, und Paul muss mich jedes Mal an den Felsen drücken, um mich in Position zu halten. Meine Kleidung macht jede Bewegung zur Qual. Ich trage an diesem Tag mehrere Schichten: einen Neoprenanzug, darüber Sportkleidung, Gelenkschoner, die Klettergurte und natürlich einen Helm. So muss sich ein Astronaut in seinem Raumanzug fühlen. Nach 30 Minuten sind wir nicht mal ein paar Meter weit gekommen – im Grunde treten wir auf der Stelle. Frust steigt in mir hoch. Es fällt mir schwer, mich zu motivieren. Ich weiß genau, dass alle Augen auf mich gerichtet sind. Darum geht es, darum sind wir hier: wegen mir. Wir wollen sehen, ob ich es überhaupt annähernd schaffen kann. Wir machen hier gerade den Realitätscheck.

Genau vor dieser Situation hatte ich Angst. Ich darf die anderen aus meinem Team nicht enttäuschen, darf sie nicht entmutigen, schließlich will ich beweisen, dass das

Projekt kein Hirngespinst ist. Vor allem Mirjam will ich nicht enttäuschen. Sie ist vielleicht die wichtigste Person im Team und sie hat mich bisher nur in der Halle klettern sehen. Dort bin ich zwar gut vorwärtsgekommen, aber die Halle ist anders, nicht zu vergleichen mit dem Klettern am Naturfelsen, wo die Anforderungen höher sind, die Schwierigkeiten vielfältiger. In der Halle war es bestenfalls ein niedriger Grad 6, den ich geklettert bin. Jetzt, nach Monaten des Indoor-Trainings, bin ich immer noch weit entfernt von meiner Kletterform von vor zehn Jahren, als ich das erste Mal richtig austrainiert war.

Erfahrene Kletterer sagen, Klettern sei wie Gehen: Man klettert aus den Beinen, nicht aus dem Oberkörper heraus. Meine Beine sind aber verkrüppelt, um es deutlich zu sagen. Und nicht nur meine Beine, meine Arme und Hände sind es auch. Durch die Spastik haben meine Gliedmaßen eine viel zu hohe Muskelspannung, sie krümmen sich zum Körper hin. Man kann sich das so vorstellen, dass meine Arme, Beine und Hände nicht frei herabhängen oder locker irgendwo aufliegen, sondern sich permanent zum Körper hin verkrampfen. Dadurch klettere ich nicht wie andere Menschen. Ich kann nicht einfach irgendwohin greifen, mich festhalten, stehen, so wie andere Menschen. Oft brauche ich Hilfe, um einen bestimmten Punkt zu erreichen. Kraft und Beweglichkeit sind eingeschränkt. Mein Leistungsvermögen ist sehr stark von meiner Tagesform und äußeren Einflüssen abhängig, wie beispielsweise der Temperatur. Durch meine besonderen körperlichen Voraussetzungen ist mein

Energiebedarf zudem zwei- bis dreimal so hoch wie der von nicht-behinderten Sportlern.

Eine gute mentale und physische Form ist auch für mich der Schlüssel, wie bei jedem ambitionierten Sportler. Wenn ich gut drauf bin, gelingen mir die Kletterbewegungen eigenständig, wenn ich nicht in Form oder frei im Kopf bin, gelingt mir das nicht. Dann muss Paul, mein Helfer, der immer neben mir klettert, bei der Koordination meiner Glieder helfen, meinen Arm oder mein Bein richtig setzen. An diesem Tag in Gerolstein muss er mir sehr oft dabei helfen. Die Situation ist für das Team noch neu. Wir suchen den ganzen Nachmittag nach Lösungen, probieren viel aus, scheitern, müssen wieder neu ansetzen. Es ist eine Achterbahnfahrt der Gefühle. Aber ich kämpfe. Ich darf jetzt nicht nachlassen.

In den letzten zehn Minuten meines Kletterversuchs klappt es plötzlich besser. Ich klettere nun flüssiger, selbstständiger. Paul und ich grooven uns ein, wir haben irgendwann das Gefühl, dass wir mit dem Felsen zurechtkommen. Doch dann müssen wir schon wieder abbrechen. Es ist zu dunkel geworden.

Auf der Rückfahrt beschleichen mich gemischte Gefühle. Einerseits war der Tag die meiste Zeit enttäuschend, es ging kaum etwas voran und ich musste feststellen, dass ich in Sachen Koordination und Kraft in den Beinen noch weit entfernt davon bin, einen solchen Felsen zu klettern. Dabei ist er vom Schwierigkeitsgrad her weit unter den Anforderungen, die bei unserem Rio-Projekt auf mich zukommen werden. Andererseits, und das ist das Gute, kann ich auf den letzten zehn Minuten aufbauen: Sie haben mir gezeigt, dass ich prinzipiell in der Lage bin, auch steile Wände zu klettern. Das ist das Entscheidende. An diesen zehn Minuten werde ich mich orientieren, auf diese positive Erfahrung werde ich in den nächsten Tagen und Wochen aufbauen. Daraus werde ich meine Kraft schöpfen und die notwendigen Konsequenzen ziehen.

Wäre jetzt eine gute Fee in der Nähe, bei der ich einen Wunsch frei hätte, dann würde ich sagen: In den kommenden Monaten ordne ich alles dem Kletterprojekt unter. Wir ziehen mit dem ganzen Team in wärmere Gefilde, in die Nähe eines Felsens, um dort so oft wie möglich zu trainieren, am besten mehrmals in der Woche. Ich würde mir wärmeres Wetter wünschen, eine bessere Fitness und leichtere Ausrüstung. Dummerweise ist gerade keine gute Fee zur Hand. Es sind noch neun Monate, in denen ich alles dafür tun kann, dass ich es schaffe. Noch auf der Rückfahrt vom Felsen plane ich ein Krisenmeeting mit meinem Team. Ich will die Möglichkeiten ausloten, die uns die kommenden Monate bieten. Ich muss die Ressourcen, die mir bleiben, optimieren.

Mich selbst muss ich auch optimieren. In der Woche nach dem Kletterausflug in die Eifel stelle ich gemeinsam mit meinen Trainerinnen und Physiotherapeuten den Trainingsplan um. Vor allem die Kraft in den Beinen muss ich schnell aufbauen. Gemeinsam tüfteln wir ein bisschen herum und finden heraus, wie ich einbeinige Kniebeugen machen kann: im Liegen, statt im Stehen.

Die Übung, die wir uns dafür ausdenken, sieht ein bisschen schräg aus, es braucht zwei Trainer, um die nötigen Widerstände zu erzeugen, aber nur so kann ich auch dieses für das Klettern so wichtige Muskeltraining absolvieren. Ich haue bei meinem täglichen Workout richtig rein und schon wenige Tage später bemerke ich beim nächsten Kletterversuch in der Halle, dass es besser geht, dass die durch die Kniebeugen stimulierte Muskulatur viel ansprechbarer ist. Ich klettere eine Route, die ich in der Halle bislang noch nie geschafft habe. Ein kleiner Schritt in die richtige Richtung, aber ein großer Erfolg für mich. Vor allem für meinen Kopf.

Dieser Fortschritt gibt mir einen Motivationsschub und ich beschließe, das Training deutlich früher als geplant zu intensivieren. Weil ich aber auch noch ein Leben neben dem Sport habe, muss eine Grundsatzentscheidung her: Entweder ich ordne in den kommenden Monaten alles meinem großen Ziel unter, lege sämtliche anderen Projekte und Nebenbeschäftigungen beiseite und konzentriere mich nur noch aufs Klettern. Oder ich freunde mich langsam mit dem Gedanken an, dass die Mission, der ich mich verschrieben habe, nicht realisierbar ist. Das hieße, ich müsste alles, für das ich in den vergangenen drei Jahren gearbeitet habe, über Bord werfen. Dann wäre alles, die ganze Schinderei, die Organisation, das Buhlen um Sponsoren und die Vorbereitung über zwei Kontinente hinweg, umsonst gewesen. Lange muss ich nicht überlegen, bis meine Entscheidung feststeht.

Kapitel 2 – Nennen Sie mich Johnny

Entschuldigen Sie, ich habe mich noch gar nicht richtig vorgestellt. Mein Name ist Johannes Grasser, aber nennen Sie mich Johnny. Ich bin 33 Jahre alt und ausgeprägter Tetraspastiker. Das heißt, ich lebe mit einer schweren körperlichen Behinderung. Trotzdem studiere ich Sportwissenschaften an der Deutschen Sporthochschule in Köln und treibe in meiner Freizeit viel Sport. Ich fahre Skateboard. Ich surfe. Ich habe an einem Extremlauf teilgenommen und ich bin mit meinem Rollstuhl von einem 7,5-Meter-Turm in ein Schwimmbecken gesprungen. Und ich habe ein großes Ziel: Ich will den Zuckerhut besteigen. Ja, genau. Den berühmten Berg in Rio de Janeiro. Es wird das größte Projekt, das ich sportlich bisher unternommen habe. Eine wahnsinnige Herausforderung. Ich will ungeachtet meiner körperlichen Einschränkungen auf den knapp 400 Meter hohen Berg steigen. Ein steiler Koloss mit glatten, senkrecht aufragenden Granitwänden. Schaffe ich es, wäre ich der erste spastisch Behinderte, dem dieser Aufstieg gelänge. Es ist meine persönliche Mission Impossible. An manchen Tagen erscheint es mir selbst unmöglich, aber ich bin sicher, dass ich es schaffe. So wie ich schon einige unmöglich erscheinende Dinge in meinem Leben geschafft habe. Allein die Tatsache, dass ich noch lebe, ist fast schon ein kleines Wunder.

Mein Leben ist absolut nicht nach Plan verlaufen. Ich bin als Frühgeburt zur Welt gekommen. Dann bekam ich einen schweren Krampfanfall. Später eröffneten die Ärzte meinen Eltern, dass ich vermutlich pflegebedürftig sein werde. Für meine Eltern war das ein Schock, aber es hat sie nicht davon abgehalten, für mich zu kämpfen – und mich auch nicht. Noch schlimmer als meine Behinderung an sich war aber, dass meine Eltern lange Zeit gar nicht wussten, was mir überhaupt fehlte. Die Ärzte konnten es nicht mit Sicherheit sagen, sie hatten Vermutungen, es standen mehrere Diagnosen im Raum, mehr hatten sie nicht. Im Grunde tappten die Mediziner im Dunkeln. Und so dauerte es fast zwei Jahre, bis meine Familie endlich erfuhr, dass ich eine Cerebralparese habe. Dass diese Diagnose sie umgehauen hat, können Sie sich sicher vorstellen, doch meine Eltern haben sich von den düsteren Prognosen im Zusammenhang mit der Diagnose nicht beirren lassen. Sie taten alles dafür, dass ich ein normales Leben führen konnte. Wirklich alles.

Die Situation mit einem behinderten Kind war Ende der Achtzigerjahre, als ich zur Welt kam, alles andere als einfach. Wenngleich der medizinische Fortschritt im Bereich der Kinderheilkunde schon gute Erfolge erzielt hatte, so waren doch der Kampf um meine Genesung, der Kleinkrieg mit den Ärzten und der Krankenkasse, die wochen- und manchmal monatelangen Therapien, die schwere Operation, der ich mich viele Jahre später unterziehen musste, und das tägliche Training, die Physiotherapie und alles andere, das ich aufgrund meiner Behinderung zusätzlich machen musste, ziemlich belastend für unsere Familie. Und das sind nur die fundamentalen Dinge, über die wir hier sprechen. Obendrauf kamen die blöden Sprüche von Leuten, die Menschen wie mich für Trottel halten – nur weil ich anders aussehe und mich nicht so gut bewegen kann. Auch das hielten meine Eltern mit bewundernswerter Gelassenheit aus. Und ich auch.

Die blöden Sprüche gehen mir auch heute noch manchmal auf die Nerven und es gibt Tage, da will auch ich mir einfach nur die Decke über den Kopf ziehen. Aber ich fasse dann immer wieder neuen Mut und es geht weiter. Ich bin ein Stehaufmännchen, so viel steht fest, und ein Schelm. Ich lache gerne. Am lautesten immer dann, wenn die Situation besonders trüb erscheint. Lachen hilft gegen alles. Und mit einer Behinderung hat man besonders viel zu lachen. Denn mit einer Behinderung zu leben heißt, sich nicht unterkriegen zu lassen. Für mich heißt es aber auch, genauso Karriere zu machen wie ein Mensch ohne Handicap. Deshalb setze ich mir Ziele, meistens hohe. Inzwischen halte ich als Motivationsredner Vorträge bei großen Unternehmen und bin als Markenbotschafter für Adidas tätig. Warum ich das erwähne? Nun, es kommt nicht allzu oft vor, dass Menschen mit Handicap einen so bekannten Sponsor haben. In der Regel sind Behinderte außen vor, wenn es um repräsentative Jobs in der Wirtschaft geht. Mir sind in Deutschland jedenfalls nur sehr wenige behinderte Testimonials bekannt, die mit großen Unternehmen kooperieren. Und deshalb macht es mich schon ein bisschen stolz, dass Adidas das bei mir macht.

Normalerweise bleiben Menschen mit Handicap in unserer Gesellschaft am Rande oder in ihrer eigenen Blase. Wirklich integriert sind sie nicht. Behinderte müssen sich ihren Platz am Tisch der Normalos immer wieder aufs Neue erkämpfen. Wir sind nicht selbstverständlich. Wir müssen uns ständig erklären. Falls wir gefragt werden. Dabei ist das Handicap doch ein Teil von mir und macht mich zu dem Menschen, der ich heute bin. Es ergibt daher auch keinen Sinn, nicht darüber zu reden. Finden Sie nicht?

Meine Behinderung trägt den etwas sperrigen Namen *Infantile Cerebralparese*, landläufig auch Tetraspastik genannt. Eine beinbetonte Tetraspastik, um genau zu sein. Das bedeutet vereinfacht ausgedrückt, dass die Grundspannung meiner Muskulatur permanent zu hoch ist. Sie können sich das so vorstellen: Wenn Sie jetzt vor mir stünden, meinen Arm nähmen und zu sich ziehen wollten, würde Ihnen das vermutlich nicht gelingen, weil mein Arm immer sehr stark gespannt ist. Das liegt daran, dass meine Muskeln sich in einer Art dauerhaften Verkrampfung befinden. Verantwortlich dafür sind Fehlsteuerungen im Gehirn oder im Zentralnervensystem, die eine normale Bewegung, also eine flüssige Spannung und Entspannung meiner Muskulatur verhindern. Ich kann meinen Arm nicht einfach runterbaumeln lassen. Nie.

Meine Muskeln sind gespannt wie die Sehne eines Bogens. Mein Gehirn hält diesen Bogen zu jeder Zeit auf erhöhter Spannung. Wenn ich meinen Arm also strecken will, bedeutet das für mich einen Riesenaufwand. Es ist im wahrsten Sinne ein Kraftakt. Je nachdem, welche Art von Spastik man hat, ist es schwerer oder aber weniger schwer, seine Muskeln zu kontrollieren. Eine Tetraspastik ist die schwerste Form. Das heißt, es sind alle vier Gliedmaßen und der Rumpf von dieser zu hohen Muskelspannung betroffen, hinzu kommen normalerweise unkontrollierte Muskelzuckungen, die ich jedoch aufgrund des vielen Trainings nicht habe. Da ich eine beinbetonte Tetraspastik habe, sind meine Beine aber noch stärker von dieser Verkrampfung betroffen als meine Arme. Deshalb sitze ich häufig im Rollstuhl. Mithilfe von zwei Gehstöcken kann ich zwar herumlaufen, aber auch das darf man sich nicht so vorstellen wie bei einem nichtbehinderten Menschen. Ich springe dann nicht herum wie ein junges Reh. Meine Beine kann ich nur langsam vorwärtsbringen, jeder Schritt ist anstrengend.

Das Leben, wie ich es führe, ist nur möglich, weil ich irre viel trainiere. Jeden Tag mache ich nach dem Aufstehen erst mal zwei bis drei Stunden Krafttraining und Physiotherapie, um meine Gliedmaßen zu mobilisieren. Und weil ich einen eisenharten Willen habe, lasse ich selten eine Trainingseinheit aus. Den Willen habe ich von meinen Eltern. Sie haben, seit ich auf der Welt bin, einfach verdammt viel in mich investiert, haben pausenlos dafür gekämpft, dass ich nicht einfach in irgendeine Einrichtung abgeschoben werde, wo ich dann für ein paar Cents die Stunde Kugelschreiber zusammenbaue, sondern allein in meiner Studentenwohnung leben kann. Und das, obwohl alle Experten meinen Eltern gesagt haben, dass Selbstständigkeit für mich sehr wahrscheinlich nicht möglich sein wird. Aber Experten müssen ja nicht immer recht behalten.

Kapitel 3 – Eine Blondine aus Minnesota

Im Sommer 2022 spitzen sich die Dinge zu. Mein bis dahin größtes Projekt steht auf der Kippe: die Besteigung des Zuckerhuts in Rio de Janeiro. Seit mehr als drei Jahren habe ich dieses Projekt geplant, habe dafür wie ein Besessener trainiert, habe Himmel und Hölle in Bewegung gesetzt, um dorthin zu kommen und die Möglichkeit zu haben, als erster Mensch mit einer Tetraspastik den mythischen Gipfel zu besteigen. Die Tage sind vollgestopft mit härtestem Training, die Nächte verbringe ich damit, ein Team für die Besteigung zu organisieren, Sponsoren an Land zu ziehen, Reiseplanungen vorzunehmen. Es ist alles bis ins kleinste Detail durchgeplant, sogar Bestechungsgeld für die brasilianischen Behörden habe ich bereits in mein Budget aufgenommen. Es soll nicht daran scheitern, dass mich irgendein schlecht gelaunter brasilianischer Beamter am Betreten der militärischen Sperrzone hindert, die rund um den Zuckerhut existiert.

Dann bekomme ich zu allem Überfluss auch noch eine Diagnose, auf die ich gerne hätte verzichten können, einen grippalen Infekt. Ich bin zum Nichtstun verdammt. Kein Training, zwei Wochen lang. Dazu wackeln plötzlich auch noch die Zusagen meiner Teammitglieder. Sie können die Reise aus terminlichen Gründen nicht so wahrnehmen wie vorgesehen, sagen sie. Der Filmregisseur, den ich eigentlich mitnehmen wollte, springt auch ab. Weitere Zusagen von Sponsoren bleiben aus. Durch die Pandemie, den Krieg in der Ukraine und die einsetzende Wirtschaftskrise explodieren plötzlich die Preise, alles ist viel teurer geworden. Mir geht langsam das Sponsoren-Geld aus.

Von meinem großen Ziel lasse ich trotzdem nicht ab. Der Plan lautet: aus eigener Kraft auf den 396 Meter hohen Pão de Açúcar zu steigen. Mir scheint es selbst ein aberwitziges Unterfangen zu sein, bedenkt man, dass ich an manchen Tagen morgens bis zu zwei Stunden brauche, um mich überhaupt selbstständig anzuziehen. Dennoch glaube ich daran, dass ich es auf den Zuckerhut schaffen kann. Es wäre ein Zeichen dafür, was mit einer schweren Behinderung, wie ich sie habe, und ganz generell möglich ist. Es wäre ein Zeichen dafür, dass behinderte Menschen (fast) alles können. Und es wäre auch ein Zeichen an mich selbst: der Beweis, dass ich es kann. Trotz mancher Zweifel, mit denen ich mich manchmal herumschlage.

Ich weiß natürlich, dass ich nicht so wie Menschen ohne Behinderung bin, das wird mir jeden Tag Dutzende Male bewusst. Diese Tatsache lässt sich nicht verdrängen, dieses Gefühl, nicht dazuzugehören, ist sehr oft da. Ich sagte schon, dass wir meines Erachtens in einer Gesellschaft leben, die den Umgang mit Menschen mit

Handicap trotz modernster Errungenschaften, trotz aller politischen Korrektheit und öffentlich proklamierter Integrationsdiskurse, immer noch nicht besonders gut beherrscht. Würde man die Maßstäbe für einen einzigen Tag umkehren, wären Menschen mit Handicap die Normalos und Menschen ohne Handicap die Behinderten, dann würde das öffentliche Leben sofort und in dramatischer Weise zusammenbrechen. Denn unsere Gesellschaft ist nicht für Behinderte gemacht. Deutschland ist kein Land, in dem Behinderte die gleichen Voraussetzungen haben wie Nicht-Behinderte. Der Weg zu einer solchen Gesellschaft der Inklusion ist noch lang und beschwerlich. Ungefähr so beschwerlich wie der Aufstieg auf den Zuckerhut. Genau deshalb will ich da hoch. Um die Verhältnisse zumindest für einen Tag mal umzukehren. Um zu zeigen, dass Menschen mit Handicap zwar oft eingeschränkt sind, aber viel zu oft unterschätzt werden. Ja, der Berg macht mir Angst. Seine Besteigung ist für mich eine enorme, eine im Grunde völlig unmögliche Herausforderung. Doch in gewisser Weise repräsentiert er auch mein Leben und die Gesellschaft, die mich und andere Behinderte häufig ausbremst. Und ich lasse mich nicht gern ausbremsen.

Wie lange der Aufstieg auf den Pão de Açúcar letztlich dauert, ob sechs, acht oder zwölf Stunden, spielt keine Rolle. Wichtig ist für mich nur, dass ich es nach oben schaffe – oder es wenigstens versuche. Vorbilder für mein verrücktes Projekt habe ich reichlich. Es gibt so viele Menschen mit Handicap, die Großes leisten. Der

Italiener Alessandro Zanardi etwa, der nach einem Unfall mit einem Rennwagen beide Beine verlor und in den Jahren danach im Handbike dreimal Gold bei den Paralympics holte. Menschen wie Spencer West, der ohne Beine und Becken geboren wurde und trotzdem auf den Kilimandscharo kletterte. Oder der 22-jährige Amerikaner Chris Niki, der im Jahr 2020 als erster Mensch mit Down-Syndrom einen Ironman finishte. Auf die Frage, wovon er denn nach dem Erfolg beim Ironman noch träume, antwortete Niki: »Ein eigenes Haus kaufen, ein eigenes Auto kaufen – und eine heiße Blondine aus Minnesota heiraten.« Nun, dem kann ich mich nur anschließen. Auch wenn die Blondine nicht unbedingt aus Minnesota sein muss.

Ich sehe mein Handicap als Herausforderung, als Chance, die ich unbedingt nutzen will. Dafür trainiere ich nicht erst seit ein paar Monaten, sondern eigentlich schon mein ganzes Leben. Deshalb lasse ich mich jetzt auch noch nicht von einem Handbruch im Februar, dem grippalen Infekt oder von ein paar logistischen Problemen aufhalten. Wenn ich eines gelernt habe im Leben, dann ist es die unverbrüchliche Erkenntnis, dass es fast immer noch einen anderen Weg zum Ziel gibt.

Nach einer neuntägigen Zwangspause steige ich wieder ins Training ein. Als ich wieder in der Kletterhalle bin, schaffe ich zum ersten Mal einen schwierigeren Klettergrad. Die Pause hat mir offenbar nicht geschadet, sie hat mir sogar gutgetan. Und was die logistischen Probleme der Reise nach Rio betrifft, zeichnen sich plötzlich Alternativen ab. Ich bekomme das geplante Team aus Helfern zusammen, und auch die Bergführerin, ohne die das Projekt nicht möglich ist, schafft es doch noch, die Reise in ihren Kalender einzubauen. Ende August, nicht mal zwei Monate, bevor es losgehen soll, buche ich die Flüge. Es ist jetzt klar, dass mein Projekt stattfinden wird.

Nicht klar ist dagegen, wie fit ich wirklich in Brasilien ankommen werde. Die spannende Frage ist, wie mein Körper auf die Verschärfung des Trainings, die in den nächsten Wochen ansteht, reagiert: Wie schnell kann ich so fit werden, dass es für den Aufstieg reicht? Und wie hoch kann ich die Belastungsgrenze, die ich in den vergangenen Monaten immer wieder ausgereizt habe, noch schrauben? Es wird schmerzhaft, so viel ist sicher. Aber damit kenne ich mich aus. Seit ich denken kann, quäle ich mich, wenn es sein muss. Das ist nun wirklich nicht das Problem.

Kapitel 4 – Foltern für den guten Zweck

»Komm, Johnny«, brüllt Amon. »Einen schaffst Du noch!« Es ist kurz nach acht Uhr morgens. Ich bin im Physiotherapiezentrum in der Nähe des Kölner Fußballstadions, wie jeden Morgen. Meine Füße sind auf einem Holzbrett festgeschnallt, um meine Oberschenkel liegen breite Gurte, die an den Stangen des Zugturms befestigt sind, an dem ich stehe. Die Gurte sorgen dafür, dass meine Beine nach außen gezogen werden, damit ich einen möglichst freien Stand bekomme. Amon, mein Helfer, sitzt rechts neben mir, in der Hand hält er ein elastisches Zugband, mit dem er meinen Rumpf zu sich zieht. Mit seinem ganzen Gewicht von fast 100 Kilo zieht Amon an dem Band, um mich nach rechts zu ziehen. Gleichzeitig schiebt er mit seinem Fuß mein Becken nach links. Auf die Art wird mein verkrümmter Körper aufgebogen. Ich werde in eine gerade Position gezwungen. Nur dadurch bin ich in der Lage, einigermaßen saubere Kniebeugen zu machen.

Zwei Dutzend habe ich schon geschafft, doch jetzt merke ich, wie die Spastik in meinen Körper schießt. Schweiß tropft von meiner Stirn auf den Boden, ich spüre die Schmerzen. Die Spastik will die Macht über meine Glieder zurück. Vor allem über mein linkes Bein und meinen rechten Oberkörper, dort wütet sie am schlimmsten. Amon merkt, dass ich schon am Limit bin. Er hat ein gutes Gespür für meine Kondition entwickelt, also feuert er mich jetzt noch etwas mehr an. Er will, dass ich noch eine Kniebeuge mache – und das schaffe ich. Sogar zwei.

Quälen kann ich mich gut. Wenn mein Körper bereits erschöpft ist, kann ich meistens noch eine Schippe drauflegen. Das hat mein Vater mir früh eingebläut. Deshalb ist mein Kopf fast immer stärker als mein Körper. Nicht vorzeitig aufgeben, nicht mit dem Nötigsten zufrieden sein. Gerade beim Training. Natürlich fällt es mir auch manchmal schwer. Auch ich habe nicht immer Lust darauf, mich ständig quälen zu müssen. In letzter Zeit sogar immer weniger. Vielleicht hat das mit dem Alter zu tun. Je älter man wird, desto mehr lassen die körperlichen Möglichkeiten nach, auch bei mir. Um das 35. Lebensjahr herum hat der menschliche Körper seinen Leistungszenit erreicht, danach geht es eigentlich kontinuierlich bergab. Kraft und Ausdauer lassen nach, Zellen regenerieren nicht mehr so schnell, die Verletzungsanfälligkeit nimmt zu. Umso schwieriger wird es auch, sich zu motivieren. Für mich sind das keine rosigen Aussichten. Ein bisschen graut es mir schon vor dem Alter. Was wird einmal sein, wenn ich wirklich alt bin und zum Quälen nicht mehr in der Lage? Eine Vorstellung, die mir Angst macht. Aber solange ich noch fit bin, mache ich weiter. Meine Tetraspastik lässt sich nicht mit guten Worten kontrollieren. Sie will mich behindern – und ich will sie daran hindern, mich zu behindern. Es ist ein täglicher Zweikampf. Ein schmerzhafter Kampf. Aber einer, den ich führen muss.

Nachdem ich mit dem ersten Übungssatz Kniebeugen fertig bin, mache ich noch zwei weitere Sätze. Unterstützung bekomme ich dabei nicht nur von meinen Helfern wie Amon, Olli oder Paul, sondern auch von meinen Trainerinnen Melanie, Pia und Tanja. Sie sind fast immer dabei, bei jedem Krafttraining, sechs Tage die Woche. Nach den Kniebeugen folgen weitere Übungen. Zum Beispiel der Reverse Butterfly, eine Art umgekehrter Liegestütz, bei dem ich auf einer Turnmatte liege und meine Beine von einem Medizinball auseinandergedrückt werden, um die Spannung im Körper zu reduzieren. Meine Füße liegen dabei auf einem Sprungkasten, während ich in die Schlaufen der TRX-Trainingsbänder greife und meinen Oberkörper nach oben wuchte. Es kostet mich enorme Anstrengung. Ebenso wie die Übungen für die Armmuskeln, für die Schultern oder für das Fahrradfahren auf einem Ergometer. Auch dafür müssen meine Beine mit Autospann-Gurten fixiert werden, damit ich einigermaßen flüssig in die Pedale treten kann.

Die erhöhte Grundspannung meiner Muskeln, der sogenannte Tonus, betrifft insbesondere die Antagonisten, also die Beugemuskeln in Armen, Beinen und Rücken. Dadurch staucht mein Körper zusammen, sodass ich mich bei jedem Training erst einmal in eine anatomisch gerade, also normale Position bringen muss, um die jeweiligen Übungen absolvieren zu können. Ziel ist es, die Spannung in den Muskeln zu senken. Das erreiche ich durch Gurte, Bänder und Medizinbälle, die an den neuralgischen Punkten meines Körpers angebracht werden und meine Gliedmaßen für kurze Zeit begradigen und damit entlasten. Dann erst kann ich mit den eigentlichen Übungen loslegen.

Ich kämpfe also gegen einen doppelten Gegner: einmal gegen die Erschöpfung meiner Muskeln und Gelenke, so wie jeder normale Mensch, zum anderen gegen die Spastik. Sie krümmt und verzerrt meinen Körper an den neuralgischen Punkten, also an Kreuz, Hüfte, Knie und Sprunggelenken. Wie bei einer Marionette, deren Fäden zu stark auf Spannung sind. Um den Effekt zu verdeutlichen, den die Spastik auf meinen Körper hat: Ohne sie hätte ich eine Körpergröße von annähernd 1,80 Meter. Das haben die Ärzte mal ausgerechnet. Dadurch, dass mein Gehirn meinen Muskeln aber ständig die falschen Signale sendet und sie sich dadurch zusammenziehen, bin ich nur 1,60 Meter groß. An schlechten Tagen, wenn die Spastik sehr stark ist, auch nur 1,55 Meter. Aber gut, damit bin ich wohl der einzige Erwachsene, der fünf Zentimeter wächst, wenn er gut drauf ist.

»Weiter ziehen, nicht nachlassen, schneller werden!« Amon pusht mich, als ich auf dem Fahrrad sitze und in die Pedale trete. »Komm, noch 20 Sekunden, dann hast Du's geschafft«, sagt er. Ich trete fester, meine Beine arbeiten gegen mich, mein Oberkörper schwankt. Ich konzentriere mich auf meine Hände, halte mich am Lenker fest und stabilisiere dadurch meinen Rumpf. Der Schweiß läuft mir schon in die Augen. Ich keuche. »Jetzt noch mal alles rausholen«, sagt Amon. »Zehn, fünf, vier«, dann ist die Zeit eigentlich schon runtergelaufen, doch Amon sagt: »So, und jetzt noch mal fünfzehn Sekunden!« Er verzieht dabei keine Miene. In diesen Momenten verwandelt sich mein Helfer in Gunnery Sergeant Hartmann, den gnadenlosen Militärausbilder aus dem Anti-Kriegsfilm *Full Metal Jacket*.

Meine Helfer und Trainerinnern wissen, was ich brauche. Sie wissen, dass ich im Krieg gegen die Spastik bin und immer über die Belastungsgrenze gehen will – ja, muss. Also trete ich noch mal fünfzehn Sekunden, spüre die Erschöpfung, die jetzt immer stärker wird. Mein Körper versucht, mich zu überrumpeln. Er will, dass ich früher aufgebe. Aber ich lasse ihn nicht. Mein Kopf ist stärker als die Spastik. Dann gibt Amon mir das Zeichen zum Aufhören. Endlich. Ich bin erledigt. Japsend sinke ich auf dem Ergometer zusammen. Der Muskelkater wird höllisch werden.

Die Methode, nach der ich trainiere, ist brutal. Gemeinsam mit meinem Vater habe ich sie perfektioniert. Seit ich denken kann, trainiere ich so hart, übrigens ganz entgegen der Empfehlungen der Schulmedizin. Ginge es nach der herrschenden Meinung, würde ich nicht gegen die Spastik trainieren, sondern mit ihr. Ich würde meinen Körper nicht mithilfe von Gurten, Bändern und Bällen geradebiegen, um dann wie ein normaler Athlet zu trainieren, sondern die Grenzen, die mir die Behinderung auferlegt, respektieren. Aber das ist nicht mein Weg. Warum soll man im Gehirn zunächst eine falsche Bewegung, ein falsches Bewegungsprogramm ablaufen lassen, um erst dann, wenn die Spastik aufhört, noch mal die richtige Bewegung zu machen? Das ergibt für mich keinen Sinn, denn so würde das Gehirn nie wissen, dass die erste Bewegung mit Spastik falsch ist. Die Spastik ist unnachgiebig mit mir. Und deshalb muss ich unnachgiebig mit ihr sein. Sonst wird sich wenig ändern.

Erst wenn ich von Anfang gegen die Spastik arbeite und so lange durchhalte, bis sie nachlässt, lernt auch das Gehirn, was gut für mich ist. Davon bin ich überzeugt. Die Methode ist effektiv, und logisch ist sie auch. Alle Bewegungen, die über der Belastungs- und Leistungsgrenze stattfinden, sowohl körperlich als auch zeitlich, haben einen lang anhaltenden Zugewinn. Genau den gilt es zu erzielen. Erst wenn ich auch mental auf eine gerade Haltung und gerade ausgeführte Bewegungen geeicht bin, kann mein Körper die Bewegungen intuitiv nachvollziehen. Diese Form der kognitiven Programmierung hat mir sehr geholfen. Ohne diese Herangehensweise wäre ich vermutlich nicht da, wo ich heute bin. Ich habe diese Methode gemeinsam mit meinem Vater weiterentwickelt, ebenso wie die Trainingsgeräte, mit denen wir gearbeitet haben und an denen wir häufig Zusatzanbauten und technische Veränderungen vorgenommen haben. Manchmal haben wir uns sogar komplett neue Trainingsgeräte ausgedacht und sie nach unseren Zeichnungen einfach selbst gebaut. Manche sagen auch »Foltergeräte«. In meinem Fall ist es Foltern für den guten Zweck. Für meine Bewegungsfreiheit, denn die gilt es für mich zu verteidigen. Jeden Morgen stehen wir uns aufs Neue wie zwei Boxer gegenüber: die Spastik und ich. Und täglich grüßt das Murmeltier.

Mein Tag beginnt morgens um sechs. Ich stehe auf, brauche dann mindestens anderthalb Stunden im Bad, Waschen, Anziehen, dann Frühstücken. Gegen acht, halb neun geht es zum ersten Training, meist dauert es zwei Stunden, insgesamt bis zu vier Stunden täglich. Jetzt, wo ich mich auf die *Mission Impossible* am Zuckerhut vorbereite, trainiere ich noch mehr als vorher, vier bis sechs Stunden pro Tag. Wenn ich den Zuckerhut in Rio de Janeiro hinaufklettern will, muss ich topfit sein. Ich muss in der Form meines Lebens sein. Daher gibt es meist am späten Vormittag eine zweite Trainingseinheit und nachmittags die dritte. Die Trainingsinhalte wechseln. Ich absolviere ein breites Programm, bestehend aus Kraft- und Lauftraining, Physiotherapie, Fahrradfahren, Schwimmen, Koordinationsdynamiktraining in drei verschiedenen Varianten (liegend, sitzend, stehend), dann natürlich Klettern in der Halle und am Felsen, und das leidige Dehnen. Aber auch das muss sein.

Beim Training versuche ich immer Vollgas zu geben. Klar, es gibt auch mal Tage, an denen mein Energielevel nicht so prickelnd ist. Doch zum Glück kommt das nur selten vor.

Weil ich täglich trainiere, stehe ich vor einem grundsätzlichen Problem. Aus sportwissenschaftlicher Sicht ist tägliches Training kontraproduktiv. Es überlastet die Muskeln und lässt ihnen keine Zeit zum Regenerieren. Meine Trainerinnen und Physiotherapeuten halten mich immer dazu an, auch mal Pausen einzulegen. Sie haben recht. Eigentlich. Aber ich halte mich – wider besseres Wissen – nicht allzu oft an diesen Rat, sondern nehme den schleichenden Raubbau an meinem Körper durch die fehlenden Regenerationspausen in Kauf. Die Alternative wäre, der Spastik die Oberhand zu lassen. Und das kommt nicht infrage. Das würde bedeuten, dass ich unweigerlich immer mehr Hilfe bräuchte und meine Behinderung nach und nach die Oberhand gewänne.

Nur ein Beispiel: Das Aus- und Anziehen hat bei mir früher gut funktioniert. Heute kann es sein, dass es bis zu zwei Stunden oder länger dauert, je nach Tagesverfassung. Das allein ist ein Grund für mich, warum das Training immer weitergehen muss. Es geht mir darum, meine körperlichen Voraussetzungen nicht nur zu stabilisieren, sondern sie zu verbessern. Ohne tägliches Training würden sie sich aber rasch verschlechtern. Deshalb setze ich mir Ziele, die auf viele Leute utopisch wirken. Nähme ich meinen Status quo einfach so als gegeben hin, wäre ich in drei Wochen schon so weit zurückgefallen, dass mein Leben nicht mehr dasselbe wäre. Ich habe mich daher bewusst entschieden, der Spastik nicht die Kontrolle über meinen Körper zu überlassen. Das ist mein Weg.

Neben den gelegentlichen Schwächephasen und den mentalen Downs, in denen ich auch manchmal stecke, hat das Ganze noch eine weitere Schattenseite. Die Zeit im Fitnessraum hätte ich auch dafür nutzen können, soziale Kontakte zu pflegen, mich mit Leuten zu treffen, ins Kino zu gehen oder einfach in den Park und den lieben Gott einen guten Mann sein lassen. Indem ich mich aber so ausführlich meiner Behinderung widme, verzichte ich auf all das häufig genug. Das ist ein Manko, dessen ich mir bewusst bin und das ich mir durchaus selbst ankreide.

Wenn ich mich gesellschaftlich bisweilen also nicht besonders gut integriert fühle, hängt das auch damit zusammen, dass mir oft schlicht die Zeit fehlt, unter Leute zu gehen. Das Dilemma, vor dem ich stehe, ist dabei folgendes: Trainiere ich so hart, wie ich es tue, muss ich auf viele andere Dinge verzichten. Leistungssportler kennen das Problem nur zu gut. Sie richten ihr gesamtes Leben eine Zeit lang auf den sportlichen Erfolg aus, ordnen ihm alles unter. Für manche von ihnen rentiert sich die Investition in Form von Medaillen bei Weltmeisterschaften und guten Platzierungen bei Olympia. Nach der Karriere, wenn ihr »normales Leben« beginnt, können sie davon meist finanziell, aber auch sozial profitieren. Sie können dann ein Leben ohne das rigide Korsett des Trainingsplans führen.

Bei mir ist es etwas anders. Ich muss trainieren, um überhaupt ein einigermaßen normales Leben führen zu können. Das ist der Erfolg, den ich anstrebe. Meine

Olympische Goldmedaille ist ein Tag ohne harte Spastik. Meine deutsche Meisterschaft ist eine Woche, in der ich morgens keine Probleme beim Anziehen habe. Alles, was ich tun kann, um einen weiteren Schritt in die Selbstständigkeit zu gehen, das tue ich auch. Ohne das extreme Training, das ich absolviere, wäre ich irgendwann nämlich gar nicht mehr in der Lage, unter Leute zu gehen. Dann stellte sich mir die Frage gar nicht mehr: Will ich auf das Training verzichten oder nicht? Weil mein Körper darauf längst die Antwort gegeben hätte. Ich habe also eigentlich keine Wahl.

Kapitel 5 – Dauerpalaver

Ja, so weit schon mal grob zu mir und meiner Behinderung. Bleibt noch die Frage, was ich denn sonst noch so kann, außer trainieren. Kann man sich mit mir normal unterhalten? Natürlich! Kann man mit mir Party machen? Aber klar! Und wie ist das eigentlich mit Johnny und dem Sex? Nun, diese Frage ist weitaus weniger delikat, als es den Anschein haben mag. Und sie bringt mich zu dem wichtigsten Thema, über das ich in diesem Buch sprechen will: Tabus.

Eines davon lautet: mit Behinderten reden. Wie rede ich ganz normal mit einem Behinderten? Glauben Sie mir, das kriegen die wenigsten Menschen hin, obwohl wir im 21. Jahrhundert leben. Einem Jahrhundert der totalen Selbstentblößung, in dem Menschen mit Raketen ins All fliegen, die wie Penisse aussehen. Wo Fernsehshows laufen, in denen die Kandidaten den ganzen Tag nackt herumlaufen, und wo die Leute bei Instagram die intimsten Dinge von sich posten. Aber mit einem Menschen mit Handicap ein unverkrampftes Gespräch zu führen, womöglich sogar über Sex, das ist auch im Jahr 2022 noch lange nicht selbstverständlich. Die Kommunikation mit Behinderten fällt vielen schwer in unserer dauerpalavernden Gesellschaft. Ohne Kommunikation kann man aber keine Vorurteile abbauen. Ohne Kommunikation kann es keine Gleichberechtigung geben. Und ohne Kommunikation kann man auch keine Beziehung führen.

Dabei könnte man doch meinen, die meisten Menschen wären schon viel weiter, zumal sich nach außen hin doch alle immer so wahnsinnig tolerant geben. Sie geben vor, keine Berührungsängste zu haben, keine Hemmungen. Es wird gegendert, Straßen werden politisch korrekt umbenannt, überall werden Quoten eingeführt und Gleichberechtigung immer großgeschrieben. Treffen die Menschen aber auf einen Behinderten, verschlägt es ihnen plötzlich die Sprache. Dann wissen sie nicht mehr, was sie sagen sollen, schauen peinlich berührt in die andere Richtung oder glotzen einen an, als wäre man ein Affe im Zoo. Kein Wunder, dass der Stand der Inklusion in Deutschland ausbaufähig ist. Die meisten Leute wissen absolut nicht, wie sie mit einem Behinderten umgehen sollen, dabei ist das doch so einfach: ganz normal. So, wie mit anderen Menschen auch.

Es ist leider so, dass viele Leute immer noch davon ausgehen, dass man ein bisschen doof ist, wenn man im Rollstuhl sitzt. Ein Paradebeispiel dafür war, als ich aus Australien zurückkam und nach längerer Zeit noch einmal bei meinem Hausarzt vorbeischauen musste. Meine Mutter brachte mich hin und hielt mir die Tür zur Praxis auf. Ich bin dann mit meinen Gehstöcken auf den Tresen zugelaufen, wo die Sprechstundenhilfe saß, um mich bei ihr anzumelden. Die Sprechstundenhilfe schaute aber an mir vorbei und wandte sich an meine Mutter: »Ja, wie alt ist er denn? Was hat er denn?« Sie sprach über mich, wie man über ein kleines Kind oder über ein Haustier spricht. Dabei war ich nicht zum ersten Mal in dieser Praxis. Ich war Patient dort. Das schien die Sprechstundenhilfe aber nicht zu stören. Sie hielt mich für nicht verhandlungsfähig. Als ob man, wenn man an Stöcken läuft und ein bisschen krumm aussieht, nicht in der Lage wäre, für sich selbst zu sprechen.

Wie oft ist es mir passiert, dass ich im Beisein nichtbehinderter Erwachsener nicht direkt angesprochen wurde. Auch heute passiert mir das regelmäßig: bei Behörden, Ärzten, in der Straßenbahn. Man schaut dann einfach durch mich hindurch oder über mich hinweg und spricht lieber mit dem Nicht-Behinderten. Darum ist meine Mutter früher irgendwann dazu übergegangen, immer drei Meter hinter mir zu bleiben, wenn wir etwa zum Arzt mussten. So hatten die Leute keine andere Wahl, als mich direkt anzusprechen. Mir war das anfangs nicht geheuer, denn mein Selbstbewusstsein stand damals noch nicht auf so festen Beinen wie heute. Ich fühlte mich in diesen Situationen jedes Mal wie ein kleiner Vogel, der aus dem Nest geschubst wurde. Aber da musste ich durch, und es war gut so. Wie auch Menschen ohne Handicap da irgendwann durchmüssen.

Klar, es ist erst mal nicht leicht, jemanden anzusprechen, der behindert ist. Ich verstehe das in gewisser Weise sogar. Wer einem Behinderten aber dadurch begegnet, dass er ihn ignoriert und so tut, als wäre das Gegenüber im Grunde gar nicht existent, der diskriminiert ihn. Der fügt anderen Menschen Schmerzen zu. Denn es tut weh, so behandelt zu werden, so ignoriert und belächelt zu werden. Vor allem in Deutschland. In anderen Ländern wie Australien oder auch den USA ist das etwas anders. Dort sind Menschen mit Behinderung ein viel selbstverständlicherer Teil der Gesellschaft. Ihre Bedürfnisse werden gehört und oft genug auch politisch berücksichtigt. In Deutschland existieren zwar seit Längerem schon Integrationsklassen, es gibt hier und da mal einen barrierefreien Bahnhof und seit Neuestem eine höchstrichterlich angeordnete Triage-Regelung, die verhindert, dass Ärzte im Notfall nicht den Behinderten zuerst sterben lassen. Dennoch gibt es hierzulande immer noch eine Mauer in den Köpfen, was den Umgang mit Menschen mit Handicap angeht.

Wir Behinderten sind nicht unschuldig an diesem Zustand. Auch das gehört zur Wahrheit. Manchmal fordern wir vielleicht zu viel, treffen nicht den richtigen Ton, erheben dramatische Vorwürfe, fühlen uns zu schnell verletzt oder machen es uns in unserem Benachteiligtsein einfach zu bequem. Ich kenne Menschen mit Handicap, die richtig unangenehm sein können, wenn es darum geht, Missstände anzuprangern. Es schwingt da nicht selten so ein unguter Unterton mit, der meines Erachtens zu nichts anderem führt, als dass man uns weiterhin gängelt und mit diesem speziellen Blick betrachtet, mit dem man vermutlich auch Außerirdischen begegnen würde.

Ich mag das nicht. Ich habe keine Lust, mich ständig zu beschweren. Lieber arbeite ich daran, ein ganz normales Leben zu führen, meine Grenzen zu verschieben, Abenteuer zu erleben und mit Humor und Unbeschwertheit für ein kleines bisschen mehr Akzeptanz zu sorgen, so weit das eben möglich ist. Ich sehe mein Handicap deshalb auch nicht als trauriges Schicksal an, sondern als Chance. Eine Chance, das Beste aus dem zu machen, was mir das Leben gegeben hat. Meine Karten waren nicht die besten, aber mit der richtigen Strategie kann man trotzdem gewinnen. Das heißt nicht, dass es immer leicht wäre. Ich kann aufgrund meiner Einschränkung zum Beispiel nur auf sehr kurzen Strecken allein Rollstuhl fahren (für den Weg von der Tanzfläche zur Theke reicht es in der Disco zum Glück noch). Auf längeren Strecken ist meine Muskelspannung im Rücken so hoch, dass die Bewegung, die es braucht, um den Rollstuhl fortzubewegen, nicht funktioniert. Die Muskel*kraft* dazu hätte ich, das ist nicht das Problem. Ich bekomme die Energie aus meinen Armen aber nicht adäquat auf den Rollstuhl übersetzt. Wieder spielt hier das Problem der mangelhaften Muskel*kontrolle* eine Hauptrolle. Deshalb werde ich die meiste Zeit von einem Helfer im Rollstuhl geschoben.

Ich habe wie gesagt mehrere Helfer, junge Studenten und Studentinnen, die eher wie meine Freunde sind. Wir verstehen uns gut. Sie ticken wie ich. Ich würde sagen, wir sind uns ziemlich ähnlich. Trotzdem gibt es in meinem Alltag den oben bereits erwähnten immer wiederkehrenden Reflex: Die meisten Leute, die mich nicht kennen, kommunizieren nicht mit mir direkt, sondern fast immer nur mit meinen Helfern. Sie sprechen dann in der dritten Person von mir – während ich dabei bin. Neulich war wieder so eine Situation bei irgendeiner Behörde. Irgendwann ist mein Helfer aufgestanden und gegangen: »Der Johnny ist hier. Sprechen Sie doch einfach selbst mit ihm.« Da hat der Mann dumm geguckt. Und dann hat er mich endlich direkt angesprochen.

Kommen wir noch zu einem anderen Tabu. Dem Tabu, dass Behinderte keinen Spaß haben können. Dass sie sicherlich auch keinen Sex haben können, und wenn doch, dann bestimmt nur mit einer Prostituierten oder so. Dass Männer im Rollstuhl keinen hochkriegen oder dass Behinderte irgendwie nicht richtig mitmachen können, wenn andere feiern gehen. Nun, all diese Annahmen sind meistens Unfug.

Sehen Sie, wenn ich einen schönen Abend erleben will, dann gehe ich in die Stadt. In einen Club oder eine Disco. Ja, genau, in eine *Dis-co-thek*. Haben Sie schon richtig verstanden. Ich gehe unheimlich oft und gerne feiern. Fast immer bin ich der einzige Gehandicapte im Club. Es kommt halt nicht so häufig vor, dass andere Behinderte feiern gehen. Ich aber schon. Auch wenn das immer ein bisschen mehr Aufwand für mich und meine Helfer bedeutet. Aber mir ist relativ egal, was *man so macht*. Ich ticke ein bisschen anders und denke mir: Scheißegal, das Leben ist geil, das Leben macht Spaß! Also kann ich das genauso genießen, ich kann genauso feiern, ich kann genauso trinken und ich kann genauso die Sau rauslassen und Spaß haben wie alle anderen.

Ich bin dann also im Club, komme auf die Tanzfläche und meistens dauert es keine fünf Sekunden und ein Kreis an Leuten steht um mich herum und glotzt mich an, als wäre ich vom Mars. Die allererste Frage, die ich dann gestellt bekomme, lautet: »Willst du raus? Kann ich dir raushelfen?« Mitleidige Blicke. Als ob das hier ein Notfall wäre und ich mich zufällig in diesen Club verirrt hätte. Ich sage dann: »Nein, gar nicht. Ich bin hier zum Feiern, ich will tanzen, was denkt ihr denn?« Dann fallen die Leute aus allen Wolken, die trauen ihren Ohren nicht. »Wie, du bist hier zum Feiern? Aber das geht doch nicht. Du sitzt doch im Rollstuhl.« Oder sie tätscheln einen so am Arm und sagen: »Das ist ja so fantastisch, dass du trotzdem feiern gehst.« Trotzdem. Weil sie es mir eigentlich nicht zugetraut haben. Und das ist fast noch schlimmer.

Und dann kommt meist auch schon die nächste Frage: »Darfst du denn überhaupt Alkohol trinken?«

»Oh ja, ich darf Alkohol trinken«, sage ich dann. »Und wisst ihr was: Im Gegensatz zu euch bin am nächsten Tag nicht verkatert.« Dann schauen sie meistens ungläubig.

Das mit dem Alkohol stimmt tatsächlich. Aus irgendeinem Grund macht er mich nicht so fertig wie andere Leute. Ich werde von Alkohol zwar betrunken, aber ich bin nicht verkatert. Oft bin ich sogar leistungsfähiger, wenn ich abends was getrunken habe. Keine Ahnung, warum. Ist einfach so. Nun gibt es nicht so wahnsinnig viele Vorteile, wenn man wie ich einen schweren Hirnschaden hatte, aber *das* ist einer von ihnen. Passen Sie also auf! Sollten wir uns zufällig in der Kneipe treffen und zusammen einen trinken, könnte es böse für Sie enden. Denn ich bin garantiert der Letzte, der am Schluss noch steht. Beziehungsweise sitzt.

Aber Spaß beiseite, bleiben wir noch einen Moment in dem Club. Ich bin also auf der Tanzfläche: Die Frage, ob ich mich dorthin verirrt habe, ist geklärt, ich habe vielleicht sogar ein alkoholisches Getränk in der Hand und tanze zur Musik. Ja, auch das geht im Rollstuhl. Wissen Sie, ich stehe nicht so gern am Rand. Lieber bin ich mittendrin, da, wo es richtig abgeht. Ich brauche das, ich genieße die Gegenwart anderer Leute, auch wenn es turbulent zugeht und auch auf die Gefahr hin, andere damit zu irritieren. Es kann schon sein, dass ich mich dabei zum Affen mache, dass mir was Peinliches passiert, ich im Rollstuhl umkippe oder irgendwas fallen lasse. Das stört mich aber meist nur kurz. Und es sollte die anderen auch nicht stören. Schließlich lassen nicht-behinderte Menschen auch ständig etwas fallen.

Ich tanze also im Rollstuhl. Vielleicht tanzt da auch zufällig eine Frau, die kein Problem damit hat, dass da ein Rollstuhlfahrer dabei ist. Vielleicht lächelt sie sogar rüber, flirtet ein bisschen mit mir und macht insgesamt einen aufgeschlossenen Eindruck. Das ist der Idealfall, und ob Sie's glauben oder nicht, solche Situationen kommen durchaus vor. Jetzt muss nur noch einer von uns beiden den ersten Schritt machen. *Small talk.* Wie gesagt, schwieriges Thema. Weniger für mich, ich kann ja reden wie ein Wasserfall, sondern für die anderen. Worüber spricht man in der Disco mit einem Behinderten? Nun, über alles, worüber man mit jedem anderen Menschen spricht. In meinen Augen gibt es keine Fragen, die man nicht stellen darf. Man kann mich jeden Scheiß fragen. Entscheidend ist für mich nur der Ton. Wenn ich merke, dass jemand es ernst meint, dass er ehrliches Interesse an mir hat, dann gibt es für mich keine Tabus.

Eigentlich kann Menschen mit Handicap nichts Besseres passieren. Denn über unseren Alltag können wir viel erzählen. Zum Beispiel, wie es ist, wenn man als Tetraspastiker mit dem Rollstuhl umkippt oder gegen eine Laterne fährt (Antwort: Unangenehm). Oder die Frage, ob man sich nicht den Arsch plattsitzt, wenn man den ganzen Tag im Rollstuhl verbringt (Antwort: Ich sitze ja nicht den ganzen Tag drin, jedenfalls nicht länger als ein normaler Büroangestellter). Wie gesagt, es gibt nichts, was man einen Behinderten wie mich nicht fragen darf – solange man es mit Witz und Charme macht. Das können selbst die simpelsten Dinge sein. Ich nenne Ihnen ein paar Beispiele. Kann ich allein auf die Toilette gehen? Natürlich. Ich kann fast alles allein erledigen. Kann ich allein duschen? Auch das. So wie ich mir allein ein Brot schmieren oder die Treppe hochgehen kann. Es dauert halt nur viel länger, wenn ich es allein mache, und es ist teilweise mit extremer Anstrengung verbunden. Deshalb bekomme ich Hilfe, denn auch für mich hat der Tag nur 24 Stunden und ich habe ja auch noch andere Dinge zu tun. Kann ich Sport machen? Natürlich. Ich kann fast jeden Sport machen, auch wenn es für mich viel schwieriger ist als für andere Menschen. Habe ich Partnerinnen? Natürlich. Obwohl es für mich schwieriger ist, eine Frau kennenzulernen – und das hat viel mit den vorhin beschriebenen Vorurteilen, Ängsten und Problemen zu tun.

Gehen wir also mal davon aus, dass ich eine nette Frau im Club angesprochen habe und sie offen und charmant mit mir redet. Dann bleibt die letzte Hürde. Die Frage danach, wie das denn eigentlich aussieht bei mir. Mit dem *S-e-x*. Und da kann ich Ihnen sagen, ziemlich normal. Natürlich habe auch ich eine Sexualität wie jeder Mensch. Nur weil ich im Rollstuhl sitze, heißt das nicht, dass ich keine Libido habe und keine Erektion bekomme. Das mag bei anderen Rollstuhlfahrern anders aussehen, bei manchen Querschnittsgelähmten etwa, da kommt es auf den Grad der Lähmung an. Aber auch die können Sex haben. Anders, aber dennoch. Klar, der Sex mit einem Tetraspastiker läuft anders ab als mit jedem x-beliebigen Date auf Tinder. Aber die meisten körperlichen Einschränkungen lassen sich bei mir durch ein bisschen Kreativität wettmachen.

Wie bei den meisten anderen Menschen auch ist der schwierigste Teil für mich nicht der Sex. Der wesentlich schwierigere Teil ist es, eine dauerhafte Beziehung zu führen. Das hat bei mir bislang noch nicht so richtig funktioniert. Aber dazu später mehr. Denn Sie fragen sich vielleicht schon, wie ich eigentlich zu meiner Behinderung gekommen bin und wie ich so geworden bin, wie ich bin. Nun, das kam so.

Kapitel 6 – Die Känguru-Methode

Der Brutkasten, in dem ich liege, ist 90 Zentimeter lang, 55 Zentimeter breit und 40 Zentimeter hoch. Er besteht aus gehärtetem, transparentem Plexiglas. Die Seiten sind luftdicht verschlossen. Rechts und links befinden sich armdicke Klappen, die wie Bullaugen aussehen. Durch die Klappen kann ein Frühgeborenes von außen mit allem Möglichen versorgt werden. Mit Nährstoffen, Medikamenten oder Sauerstoff. So ein Brutkasten ist eine fantastische Erfindung. Er ist wie eine warme, geschützte Höhle und er sichert jenen Babys, die eigentlich noch zu schwach zum Leben sind, das Überleben. Wenn es gut geht. Wenn es nicht so gut ausgeht für das Baby, wird der Brutkasten zum gläsernen Sarg.

Als ich Ende der Achtzigerjahre geboren wurde, hatte die Neonatalogie, also die Neugeborenen-Heilkunde, bereits bedeutende Fortschritte gemacht und sich zu einer hochkomplexen Intensivmedizin entwickelt. Die Sterblichkeitsraten von Frühgeborenen waren zu jener Zeit bereits drastisch gesunken. Bei Frühchen gilt die Faustformel: Je später ein Kind geboren wird und je mehr es auf die Waage bringt, desto besser. In Deutschland haben Frühgeborene mittlerweile ab der 24. Schwangerschaftswoche eine Überlebenschance von 50:50. Mit jeder weiteren Woche im Mutterleib erhöhen sich die Chancen dann rapide und ab der 28. Schwangerschaftswoche hat man schon eine Chance von 90 Prozent, dass alles gut geht.

Meine Überlebenschancen standen also gut, denn ich kam ganze drei Monate zu früh zur Welt, in der 29. Schwangerschaftswoche. Bei meiner Geburt wog ich 1310 Gramm – was weit über dem kritischen Wert von 500 Gramm liegt, unter dem ein frühgeborenes Kind eigentlich als nicht überlebensfähig gilt. Warum ich vor dem eigentlichen Geburtstermin kam, weiß kein Mensch. Der Frauenarzt, zu dem meine Mutter immer zur Vorsorge ging, hatte die Schwangerschaft kurz zuvor noch als »unproblematisch« bezeichnet und auf die eigentlich anstehende gynäkologische Vorsorgeuntersuchung verzichtet. Eines Nachts riss meine Mutter allerdings meinen Vater aus dem Schlaf, weil sie furchtbare Bauchschmerzen hatte. Er brachte sie sofort ins Klinikum nach Bamberg, wo die Ärzte seltsamerweise Entwarnung gaben.

Am dritten Tag nach der Einweisung ins Klinikum erhielt mein Vater einen Anruf. Seine Frau habe eine Spontangeburt erlitten, ein Kaiserschnitt sei leider nicht mehr möglich gewesen, er möge bitte sofort kommen. Mein Vater setzte sich sofort ins Auto. Ich war schon unterwegs. Viel zu früh. Es war der 13. Mai 1989. Ein Samstag. Das Wetter in Franken war nicht besonders an dem Tag, der Himmel war stark bewölkt und hier und da fiel etwas Regen, als mein Vater zur Klinik fuhr.

Mein Vater ging die Situation pragmatisch an und erklärte sich meine vorzeitige Ankunft kurzerhand damit, dass meine Mutter im Winter noch beim Schneeschaufeln geholfen hatte. Es war ein strenger Winter und Schnee war reichlich gefallen. Möglicherweise hatte ihr die Arbeit nicht gutgetan, so seine Vermutung. Irgendjemandem Vorwürfe zu machen lag meinem Vater jedoch fern, das brachte ja ohnehin nichts. Dennoch quälten ihn einige Fragen: Was war der Grund für die plötzlichen Bauchschmerzen meiner Mutter? Warum hatten die Ärzte keinen Kaiserschnitt gemacht? Und vor allem: Würde ich die ersten Wochen ohne Komplikationen überstehen? Das Aufnahmeprotokoll der Kinderklinik vermerkte, dass ich in »Froschhaltung« im Inkubator gelegen habe. Was auch immer das bedeutete. Wiederholte Schädelsonografien, die in den ersten Tagen bei mir gemacht wurden, blieben unauffällig. Mein Vater hatte trotzdem ein komisches Gefühl. Dieses Gefühl sollte sich bestätigen.

Wie so ein Frühgeborenenschicksal ausgeht, ob sich das Kind gut entwickelt oder ob es zu Komplikationen kommt, darüber entscheiden in den Tagen und Wochen nach der Geburt viele Faktoren. Auch das Personal auf der Geburtsstation, Ärzte, Hebammen und die Kinderkrankenschwestern. Sie alle haben einen wahnsinnig verantwortungsvollen Job, denn sie sind in den Stunden und Tagen nach einer Entbindung für das Wohl der Mutter und ihres Kindes zuständig. Es ist eine anstrengende, komplexe Aufgabe, denn meist liegt auf so einer Kinderstation nicht nur ein Kind, sondern mehrere. Und manchmal passieren dann eben auch Fehler.

Am neunten Tag bekam ich einen schweren Krampfanfall. Den einzigen Krampfanfall meines Lebens. Und den folgenreichsten. Wie es zu dem Anfall kam? Durch eine Verkettung von unglücklichen Umständen. Am Anfang stand wohl eine gut gemeinte Idee: Eine der Schwestern auf der Station wandte die Känguru-Methode bei mir an. Dabei wird das Frühgeborene der Mutter auf den Schoß gelegt, um einen direkten Hautkontakt herzustellen. Das sorgt für Nähe und beruhigt das Kind unmittelbar. Die Methode hat man sich bei den Beuteltieren abgeschaut, deren Nachwuchs grundsätzlich unterentwickelt zur Welt kommt. Studien belegen, dass durch die Känguru-Methode Herzschlag, Körpertemperatur und Atemfrequenz des Kindes unmittelbar verbessert werden können. Der Vorgang soll zur besseren geistigen Entwicklung, zur Minderung von Stress beitragen und positive Auswirkungen auf Wachstum und motorische Entwicklung des Frühchens haben. Offenbar in dieser guten Absicht wollte die Kinderkrankenschwester mich an die Brust meiner Mutter legen. Doch meine Mutter winkte ab.

Zunächst gab sich die Kinderkrankenschwester geschlagen und kümmerte sich anderweitig. Doch als sie später zurückkam, unterbreitete sie meiner Mutter den Vorschlag erneut, diesmal mit Nachdruck. Meine Mutter gab nach und so wurde ich ihr – lediglich in ein dünnes blaues Handtuch eingewickelt – auf den Schoß gelegt, nicht an die Brust. Die Schwester verließ den Raum. Ein Alarm hatte sie in ein anderes Zimmer gerufen. Kurz darauf bekam ich einen heftigen Schluckauf. »Du lagst da in meinen Armen, ein winziges Würmchen mit schwarzen Haaren«, sagte meine Mutter später. »Und plötzlich hast du geschnappt wie ein Fisch.«

Meine Mutter wusste nicht, was sie mit dem schnappenden Fisch in ihren Armen tun sollte. Ja, ob sie überhaupt etwas tun sollte. Sie wusste nur, dass etwas nicht mit mir stimmt. Sie rief nun nach dem Klinikpersonal. Ein Arzt eilte herbei. Er kam etwa 20 Minuten später. Auf seine Anweisung hin bekam ich ein krampflösendes Medikament verabreicht. Das Medikament lief durch einen Plastikschlauch, der in meiner Vene steckte. Eine farblose Substanz, kaum sichtbar. Als die Wirkung des Medikaments eintrat, war es schon zu spät. Bei dem schweren Schluckauf hatte es sich um einen Krampfanfall infolge einer Unterkühlung gehandelt, die offenbar durch das Herausnehmen aus dem Brutkasten aufgetreten war. Im Zuge des Krampfs war es zu einem lang anhaltenden Sauerstoffmangel in meinem Kopf gekommen. Und das war nun wirklich richtig scheiße, Känguru-Methode hin oder her.

Meine Mutter erlitt an diesem Tag beinahe einen Nervenzusammenbruch. Heulend verließ sie die Klinik, gestützt von meinem Vater. Er hatte gleich ein ungutes Gefühl. »Ich wusste von diesem Moment an, dass da etwas nicht mit dir stimmt«, sagte er mir später. »Meine ursprünglichen Befürchtungen nahmen an diesem Tag konkrete Gestalt an.«

In den Wochen nach dem Krampfanfall kämpfte ich im Inkubator buchstäblich um mein Leben. Ich musste künstlich beatmet werden. Die Ärzte vermuteten zu allem Überfluss auch noch eine Blutvergiftung, weshalb mein Vater bereits meine Nottaufe organisiert hatte. Ein Pastor stand bereit, falls sich mein Zustand weiter verschlechtern würde. Meine Eltern rechneten mit dem Schlimmsten. Für sie muss der Brutkasten, in dem ich lag, nun wirklich immer mehr ausgesehen haben wie ein gläserner Sarg.

Inzwischen war es Anfang Juni, die Frühsommersonne wärmte die Menschen im Park vor der Klinik. Meine Eltern schauten bei ihren täglichen Besuchen auf der Frühchen-Station nicht aus dem Fenster, sondern in den Inkubator, wo ich weiterhin an vielen Schläuchen hing, während das unaufhörliche Piepsen der Maschinen, die mich versorgten, den Raum ausfüllte. Die neunzigprozentige Überlebenschance, die mir die Ärzte nach meiner Geburt zunächst prophezeit hatten, war rapide gesunken.

»Es war ein Wellenbad der Gefühle«, sagt meine Mutter über diese ersten Wochen meines Lebens, »es kam mir vor, als trüge ich die ganze Last der Welt auf meinen Schultern.« Zumindest diese Last sollte bald von ihr abfallen.

Kapitel 7 – Stochern im Nebel

Die Nottaufe fiel aus. Ich überstand auch die nächsten Tage und wurde neun Wochen nach meiner Geburt aus der Kinderklinik entlassen. Einen Befund erhielten meine Eltern von den behandelnden Ärzten nicht. Sie ahnten, dass der Krampfanfall und die damit einhergehenden Komplikationen irgendwelche Nachwirkungen bei mir hinterlassen haben mussten. »Mit dem Tag der Entlassung aus der Klinik war mir klar, dass du behindert sein würdest,« sagte mein Vater später. »Ich hatte beobachtet, dass du dich anders verhältst als normale Kinder. Gerade beim Trinken ist es mir aufgefallen. Du hast ganz anders getrunken als deine Schwester Katharina.«

Noch aber hofften sie, dass sich ihr Sohn ganz normal entwickeln würde. Vom tatsächlichen Grad meiner Behinderung erfuhren sie erst gut zwei Jahre später. Bis es so weit war, erlebten meine Eltern eine Odyssee durch Arztpraxen und Kliniken mit fortwährenden Untersuchungen. Jedes Mal ohne konkretes Ergebnis, dafür mit mehr oder weniger ins Blaue hinein verordneten Therapien. Für meinen Vater begann zugleich ein schier unglaublicher Kleinkrieg gegen die Krankenkasse, weil die sich mehr als einmal weigerte, meine Therapien zu bezahlen. Er schrieb immer neue, mit medizinischen Expertisen versehene Briefe, in denen er Widerspruch gegen die Entscheidungen der Krankenkasse und Sozialämter einlegte. Darauf folgte in der Regel eine wortreiche Absage. Dieser Kleinkrieg, der bis heute einige Regalmeter an Aktenordnern im Haus meines Vaters füllt, kostete ihn nicht nur ein beträchtliches Maß an Lebenszeit und Energie, er brachte ihn auch an den Rand des finanziellen Ruins. Auf weit mehr als 100.000 Euro schätzt mein Vater im Rückblick die Aufwendungen, die sie aus eigener Tasche für meine Genesung bezahlten. Und Geld hatten sie nun wirklich nicht viel.

Drei Monate nach meiner Geburt wusste immer noch niemand, was ich eigentlich hatte. Die Ärzte in der Klinik hatten mich ohne Befund entlassen. Dabei wurde nun mit jedem Tag offensichtlicher, dass ich mich nicht normal entwickelte. Als treibende Kraft bei der schwierigen Suche nach einer endgültigen Diagnose trat dabei mein Vater in Erscheinung. Damit nahm er meiner Mutter die großen Entscheidungen ab, womit diese nicht immer glücklich war. Sie fühlte sich von ihm zurückgesetzt. Während sie sich um die alltäglichen Dinge kümmerte, mit mir mehrmals in der Woche zur Physiotherapie und zur Frühförderung ging und sich auch sonst um alles kümmerte – um meine ältere Schwester Katharina oder ganz banal um den Haushalt –, ging mein Vater seinem Job als Verwaltungsangestellter nach, intonierte als Organist mehrfach in der Woche die Gottesdienste in der Kirche, betrieb eine kleine Landwirtschaft, spielte in einer Band und engagierte sich in der Kommunalpolitik. Standen in meinem Fall wichtige medizinische Entscheidungen an, traf er sie meist im Alleingang: »Dann habe ich Nägel mit Köpfen gemacht.« Meine Mutter blieb dabei häufig außen vor. Diese Ungleichbehandlung setzte ihr zu und das sollte nicht ohne Folgen bleiben.

In den Monaten nach meiner Geburt wurden meine Eltern mit mir bei zahlreichen Ärzten vorstellig, sie besuchten etliche Kliniken, an denen sogenannte Kapazitäten wirkten, hochrangige Experten ihres Fachs, und mussten bald dennoch zu dem Schluss kommen, dass die Suche nach einer verlässlichen Diagnose »von der Schulmedizin reichlich nebulös begleitet wurde,« wie mein Vater es nannte. Das Ganze glich einem Herumstochern im Nebel. Meine Eltern wollten wissen, was ich hatte, auch um Klarheit zu bekommen, wie es mit mir weitergehen könnte? Welche Perspektiven ich hätte und welche Therapien eventuell in Anschlag gebracht werden konnten?

Für meine Eltern waren das die schwersten Monate. Wie sehr meine Mutter in dieser Zeit litt, vertraute sie mir später an: »Ich war als Mutter überfahren, überrollt von der Situation. Ich hatte Angst um dein Leben, um deine Existenz, um deine Gesundheit.« So weit, so verständlich. Was mich aber noch mehr bedrückte, um nicht zu sagen schockierte, war etwas anderes, das meine Mutter offenbar mit meiner Geburt verband: »Einprägsam das Gefühl, das sich nichts zurückdrehen lässt, keine Se-

kunde, nicht eine Minute, Stunde, Tag – vernichtend.«
So schrieb sie es in ihren Tagebuchaufzeichnungen. Das
schmerzte.

In dieser Zeit war ich für meine Mutter eine Hypothek
und kein Glücksfall, wie man es eigentlich mit einem
Kind verbindet. Mit dem Bangen um mein Leben und
meine Gesundheit fühlte sie sich überfordert und allein-
gelassen, ganz besonders in jenen ersten Wochen, wie
sie mir erzählte. »Ich erinnerte mich an ein Gespräch auf
dem Klinikflur, es ging um den Fluch und den Segen der
Medizin.« Offenbar empfand sie es anfangs nicht immer
als Segen, dass die Medizin Menschen wie mich retten
kann. Ich kann das in gewisser Weise nachvollziehen.
Auch wenn ich es anders sehe.

Wir feiern die Geburt eines Kindes als etwas Schönes. Das ist der Normalfall. In den Ländern der Europäi-
schen Union ist die Kindersterblichkeit im Vergleich zu
den Zahlen weltweit und erst recht im Vergleich mit den
Ländern etwa der Subsahara ausgesprochen gering. Wir
sehen einer Geburt mit Spannung, Vorfreude, vielleicht
einer gewissen Vorsicht, aber kaum mit übergroßer Angst
entgegen. Vor allem dann, wenn es beim ersten Kind
schon einmal ohne Komplikationen geklappt hat – wie
bei meiner Schwester Katharina. Und dann geht plötzlich
irgendetwas schief. Wie bei mir. Die Ärzte ermöglichen
Kindern wie mir das Leben, obwohl wir eigentlich noch
gar nicht bereit sind. Häufig schweben Frühgeburten wo-
chen- und monatelang zwischen Leben und Tod. Es ist
ein Überlebenskampf mit ungewissem Ausgang.

Wie sehr mein Leben damals am seidenen Faden hing, das erfuhr meine Mutter, als das Kind einer anderen Familie auf der Frühchen-Station starb und sie einige Tage später die Todesanzeige in der Zeitung las. Ich dagegen lebte. Und ich entwickelte mich den Umständen entsprechend gut, sodass meine Mutter bei meiner Entlassung aus der Klinik wieder ein wenig Hoffnung schöpfte. Sie dachte, dass damit die Zeit des Bangens überstanden sei, doch das Wellenbad der Gefühle sollte weitergehen. Als unser damaliger Kinderarzt im September 1989 nach einigem Drängen bei den zuständigen Stellen den Entlassungsbericht der Kinderklinik erhalten hatte, empfahl er meinen Eltern dringend, mit mir in der Neuropädiatrie in Erlangen vorstellig zu werden. Der Termin dort schlug dann wie eine Bombe ein.

Kapitel 8 – Albert Einstein

7. November 1989. Während meine Eltern mit mir nach Erlangen fuhren, um endlich Gewissheit zu erhalten, braute sich in Deutschland etwas zusammen. In den politischen Zirkeln in Ost-Berlin brodelte es seit geraumer Zeit, auch an der innerdeutschen Grenze verschärfte sich die Lage. Oppositionelle und Bürger in der DDR demonstrierten seit Wochen für ihre Freiheit. Sie wollten ein normales Leben haben, sich endlich frei bewegen können. Unter dem Druck der Straße trat an jenem Tag schließlich der Ministerrat der DDR geschlossen zurück und appellierte, alle lebenswichtigen Funktionen im Land müssten aufrechterhalten werden. Im West-Fernsehen berichteten sie von möglichen Reiseerleichterungen für die Bürger der DDR. Es lag etwas Großes in der Luft. Der Zusammenbruch eines ganzen Systems. Die Entwicklung war nicht mehr aufzuhalten.

Als dann zwei Tage später die Grenze tatsächlich aufging und die Mauer fiel, stürzte das ganze Land in einen Freudentaumel. Die Abendnachrichten waren voll von feiernden Menschen. Auf der Berliner Mauer saßen die Bürger aus dem anderen, dem sozialistischen Deutschland und klopften mit dem Hammer Souvenirs aus dem Beton. Einige schwenkten die Fahne der Bundesrepublik, schwarz-rot-gold – in diesem Moment noch die Farben der Verheißung auf ein Neues, ein normales Leben. Hammer und Sichel, die Symbole des Arbeiter- und Bauernstaats, den sie soeben zum Einsturz gebracht hatten, galten vielen Ostdeutschen als Zeichen eines gescheiterten politischen Experiments. Die DDR konnte als eigenständiger Staat ohne die Hilfe Moskaus nicht überleben, dafür war sie zu dysfunktional, ja, verkrüppelt. Vor den Ostdeutschen lag nun eine neue Zukunft, voller Hoffnung auf ein anderes, ein besseres Leben, aber auch voller Ungewissheit über das, was kommen würde. In den Interviews in der Tagesschau sprachen manche DDR-Bürger davon, dass sie sich an diesem Tag wie neugeboren fühlten.

Zwei Tage später wussten auch meine Eltern, was Sache war. Auch sie standen nun vor einer ungewissen Zukunft. Denn beim Termin in Erlangen bestätigte eine niederschmetternde Diagnose ihre schlimmen Befürchtungen: Ihr Sohn war kein normales Kind. Beim Termin in Erlangen stellten die Ärzte bei mir Bewegungsverzögerungen fest, also Entwicklungsstörungen. Auf den radiologischen Aufnahmen waren die vergrößerten Ventrikel im Hirnbereich deutlich zu sehen. Teile meiner Gehirnmasse waren infolge des Krampfanfalls und der damit einhergehenden Sauerstoffunterversorgung funktionsunfähig geworden. Vonseiten der Ärzte fiel in diesem Zusammenhang zum ersten Mal das Wort »retardiert«. Anders gesagt: Der Junge ist zurückgeblieben.

Nach weiteren Untersuchungen äußerte man in Erlangen den Verdacht, ich könnte während des Krampfs sogar eine Gehirnblutung erlitten haben. Diagnose: eine »ausgeprägte Muskelhypertonie«, also eine erhöhte Muskelspannung. Bei den Untersuchungen fiel auch mein »Fäusteln« auf: nämlich, dass sich meine Hände ständig verkrampften und ich mich im Gegensatz zu anderen Kleinkindern sehr umständlich und langsam auf eben diesen Fäusten vorwärtsbewegte.

Offenbar in der Absicht, meine Eltern aufzumuntern, sagte einer der Assistenzärzte in der Kinderklinik: »Auch Albert Einstein hat bei der Geburt nur eine relativ geringe Hirnmasse gehabt.« Dieser zynische Satz zog meinen Eltern den Boden unter den Füßen weg. »Für mich ist in diesem Moment eine Welt zusammengebrochen«, so meine Mutter. Für sie sah es in diesem Moment ganz und gar nicht danach aus, als ob ich einmal den Nobelpreis gewinnen würde. »Es war, als ob ich im offenen Meer hinausgetrieben werde, ins Unendliche«, erinnert sie sich heute. Damals ließ sie sich davon zunächst nichts anmerken, versuchte Haltung zu bewahren, so gut es eben ging. Erst viel später erzählte sie mir, wie sehr ihr das alles zugesetzt hatte: »Ich musste regelmäßig zur Apotheke gehen, um dort die Medikamente abzuholen. Dort hatten sie eine Waage stehen, auf der habe ich mich gewogen. Jedes Mal zeigte die Waage ein Kilo weniger an. Mein Normalgewicht war 55 Kilo, irgendwann wog ich nur noch 47 Kilo. Ich wurde immer weniger.«

Immerhin strahlte ich in jenen Tagen die ganze Zeit wie ein »Sonnenschein«. Das beruhigte meine Mutter ein wenig. Ganz anders mein Vater: Er war bereits im Kämpfermodus. »Ich bin im sprichwörtlichen Sinn Realist. Von daher lebe ich nicht von Hoffnungen, sondern von dem, was möglich ist.« Was möglich war, konnte man zu diesem Zeitpunkt aber nicht absehen. Es müssen quälende Wochen und Monate der Ungewissheit gewesen sein, in denen meine Eltern sich geschockt, frustriert, überfordert und allein gelassen fühlten. In denen ihre Stimmung zwischen trotzigem Aufbruch und Hilflosigkeit schwankte. Dabei hätten sie wohl Hilfe gebraucht, doch weder von den Ärzten noch von den Behörden und staatlichen Stellen war in dieser Hinsicht viel zu erwarten. Ich kann nur von Glück sagen, dass sowohl mein Vater als auch meine Mutter ausgesprochene Kämpfertypen sind. Sie nahmen ihr Schicksal selbst in die Hand – und damit auch mein Schicksal. Für uns alle sollte es ein langer Weg in die Selbstbestimmung werden. Ein Weg, der steinig und entbehrungsreich werden würde. Die Menschen in Ostdeutschland hatten ihre Freiheit bereits. Ich begann gerade erst, um sie zu kämpfen.

Kapitel 9 – Humbug

Zu Beginn des Jahres 1990 verschärfte sich mein Zustand. Nun lautete der ärztliche Befund auf eine »rechtsbetonte mittelschwere zentrale Koordinationsstörung«. Zusätzlich zu den schon obligatorischen EEG-Untersuchungen wurden mir auch regelmäßige Messungen des Kopfumfanges und diverse Bewegungstherapien verordnet. Und es dauerte nicht lange, da bekam die Suche nach meiner Behinderung ein neues, für meine Eltern nicht weniger beängstigendes Etikett: »Rechts- und beinbetonte cerebrale Bewegungsstörung« lautete es. Neben der seltsamen Haltung von Armen und Beinen, die nun nicht mehr zu übersehen war, kam noch das Problem mit meinen Augen. Dieses Problem verbuchten die Ärzte in ihrem altsprachlichen Imponier-Jargon mit dem Begriff *Strabismus convergens alternans*. Was nichts anderes hieß, als dass ich ziemlich stark schielte.

Im August des Jahres, wir waren inzwischen zum fünften Mal in der Neuropädiatrie der Universitätsklinik Erlangen vorstellig geworden, erhärteten sich die anfänglichen Diagnosen. Meine körperliche Entwicklungsverzögerung nahm immer konkretere Formen an. Nicht klar war dagegen, wie sich meine geistige Entwicklung vollziehen würde. Die Visiten in der Klinik wurden für meine Eltern immer eintöniger und zum Teil auch frustrierender, denn mit jedem Mal stand nun ein anderer Arzt vor ihnen, dem meine Eltern immer wieder das Gleiche erzählen mussten. Ähnlich erging es ihnen auf der Frühförderstelle, wo verschiedenes Personal über meinen Zustand aufgeklärt werden und immer wieder aufs Neue von meinem Verhalten und meiner Entwicklung unterrichtet werden wollte. Schon nach wenigen Wochen fühlten sich meine Eltern wie in einer Zeitschleife gefangen. Der bürokratische Irrsinn (»der Humbug«, wie meine Mutter sagte) hatte aber gerade erst angefangen.

Es begann ein bunter Reigen an Therapien. Mal empfahl man mir *Krankengymnastik auf neurophysiologischer Grundlage nach Bobath*. Mal sollte ich nach der *Reflexlokomotion nach Vojta* ans Laufen gebracht werden. Mal wurde eine Okklusionstherapie durch wechselndes Abkleben der Augen verschrieben oder eine dynamische Nachtlagerungsschiene. Oder es wurden ganz einfach knöchelhohe Schuhe zur Stützung der Füße verordnet. Es wurde viel probiert, viel herumgedoktert, die jeweiligen Ärzte, Physiotherapeuten und Pfleger produzierten Unmengen an Vorschlägen, Ideen und Behandlungsmethoden – der Berg an Befunden, Attesten und sonstigen Dokumenten wuchs. Ich war nun *ein Fall* und endgültig in den sehr langsam mahlenden Mühlsteinen des Gesundheitssystems gelandet, einem System aus Anträgen, Bescheiden und Gutachten, das sehr häufig einem Labyrinth glich. Wer sich in dieses System begab, dem blieb meist nur die Wahl, sich der pedantischen Maschinerie aus Paragrafen zu unterwerfen oder sich zu widersetzen. Mein Vater entschied sich für Letzteres. Wohl auch, weil er schon davon abgesehen hatte, die Vorgänge im Krankenhaus, die zu dem folgenschweren Krampfanfall führten, juristisch aufarbeiten zu lassen. Noch einmal wollte er sich nicht mit halbgaren Erklärungen abspeisen lassen. »In dem Moment, als ich entschieden hatte, dass ich den Rechtsweg in dieser Sache nicht einschlage, tat ich alles, was von nun an notwendig werden würde.« Er sah ein, dass dieser Rechtsweg ein jahrelanges Hin und Her zwischen der Kinderklinik und uns nach sich ziehen würde, ohne besonders große Aussichten auf Erfolg. Stattdessen kämpfte er nun mit der Krankenkasse und mit Sozialämtern.

Als ein erster Prüfstein für seine Hartnäckigkeit sollte sich der Antrag auf Schwerbehinderung erweisen: Obwohl die Erlangener Neuropädiatrie mir inzwischen eine *Spastische Diparese* sowie *Statomotorische Retardierung* bestätigt und somit eine verlangsamte Entwicklung attestiert hatte, lehnte die Krankenkasse meiner Eltern den Antrag auf Schwerpflegebedürftigkeit und damit auch die sich daraus ergebenden finanziellen Zuwendungen, die meine Eltern für meine Versorgung dringend benötigten, ab. Das wollte mein Vater nicht akzeptieren. Er legte Widerspruch ein. Unter anderem machte er geltend, dass ich »bereits jetzt und mindestens auf Jahre hinaus schwerpflegebedürftig sei und zum Personenkreis gemäß § 53 SGB V gehöre«. Der durch meinen Vater herangezogene Paragraf 53 aus dem Sozialgesetzbuch definiert jene Personen, die »in sehr hohem Maße« hilfe- bzw. pflegebedürftig sind. Dass dies auf mich durchaus zutreffe, so argumentierte er in seinem Schreiben an die Krankenkasse, sei offensichtlich. Ich hätte kein richtiges Gleichgewicht, schrieb er, könne nicht richtig greifen, keine Gegenstände hochheben, kleine Gegenstände nicht oder fast nicht halten, nicht allein stehen, nicht frei sitzen, nicht laufen, nicht krabbeln, sondern nur robben und bei jeder Anstrengung verkrampften meine Arme und Beine. Es war eine Dokumentation des Schreckens.

Auch die verschiedenen Ärzte, die mich bislang gesehen hatten, attestierten meinen Eltern, dass ich vermutlich für immer ein Pflegefall bleiben würde und ein normales, eigenständiges Leben für mich nicht möglich sei. Sie glaubten nicht einmal, dass ich selbstständig würde sprechen können. Selbst meine Eltern, die sich von solchen pessimistischen Aussichten nicht beirren lassen wollten, gingen zu jener Zeit davon aus, dass ich vielleicht nie in der Lage sein würde, ganz normal mit Ihnen am Tisch zu sitzen. Doch sie sollten sich täuschen.

Kapitel 10 – Ein positiver Junge

Papa und ich sitzen in einem klapperigen Bus sowjetischer Bauart. Die Straßen sind genauso holprig wie der Flughafen in Lwiw, dem ehemaligen Lemberg, auf dem wir um die Mittagszeit gelandet sind. Es ist der 27. November 1993. Mit dem Bus tuckern wir durch die hügeligen Ausläufer der Karpaten und fahren nach Truskawez, einer Stadt im ehemaligen Königreich Galizien in der heutigen Ukraine. Wegen der zahlreichen Heilquellen und Sanatorien zählte Truskawez schon in der Sowjetunion zu den beliebtesten Kurstädten, wo jedes Jahr bis zu 350.000 Menschen Erholung suchten.

Mein Vater und ich suchen nicht nach Erholung. Wir sind mit Dr. Kozijavkin verabredet. Der Doktor gilt als Koryphäe im Bereich der Manualtherapie, also der Mobilisierung von Körper und Gliedern. Nun könnte man rückblickend fragen, ob es denn in Deutschland keine anständigen Ärzte gab zu Beginn der Neunzigerjahre und warum wir ausgerechnet einen uns bis dato unbekannten Spezialisten in der Westukraine aufsuchten, unter mehr als abenteuerlichen Bedingungen. Nun, jener Dr. Kozijavkin tat etwas, das die Ärzte in Europa nicht taten: Er mobilisierte den Körper nicht nur, er manipulierte ihn. Damit griff er deutlich intensiver in meine Physis ein, als es dem damaligen medizinischen Konsens in Westeuropa entsprach. Auf der Grundlage dieses Ansatzes versprach Dr. Kozijavkin meinem Vater etwas, das deutsche Ärzte nicht versprachen: Er wollte meine Spastik ohne eine Operation verbessern.

Zu Hause rieten die Ärzte zu einer Adduktorentenotomie (einer Durchtrennung bestimmter Sehnen in beiden Oberschenkeln). Meinem Vater war das nicht geheuer. Er bevorzugte einen weniger drastischen Behandlungsweg. Einen Weg, der innovativer, aber auch ein Stück weit gewagter war. Im Zuge seiner zahllosen Recherchen hatte er von diesem Orthopäden in der Westukraine gehört, der mit ungewöhnlichen Methoden arbeitete. Der Doktor genoss in seinem Bereich einen hervorragenden Ruf. Selbst unser deutscher Orthopäde wusste nichts Schlechtes über ihn zu berichten, zeigte sich im Rahmen des fachärztlichen Empfehlungsschreibens an die Krankenkasse aber dennoch merkwürdig zögerlich, mich an Dr. Kozijavkin zu überstellen.

Kozijavkins Methoden waren bei uns nicht anerkannt, seine Behandlungserfolge entsprachen offenbar nicht den allgemeinen Kriterien, nach denen die Kassen ihre Beurteilungen schrieben. Ihnen fehlte eine objektive Bewertungsgrundlage, wie es hieß. Dabei hatte Dr. Kozijavkin bereits etliche Kinder mit einer Tetraspastik behandelt und signifikante Verbesserungen des Bewegungsapparates erreicht. Das räumte unser deutscher Orthopäde im Gespräch mit meinem Vater auch ein.

Mein Vater war jedenfalls fest entschlossen, mich in der Ukraine vorzustellen. Also beantragte er bei der Krankenkasse einen zweiwöchigen therapeutischen Aufenthalt in Osteuropa und wartete nicht, bis die Mühlen der Krankenkasse zu Ende gemahlen hatten. Das quälend lange Prozedere kannte er inzwischen schon zur Genüge. Die Kosten von mehr als 6000 D-Mark schoss er kurzerhand vor. Am Geld sollte meine Genesung nicht scheitern, meine Eltern kratzten zusammen, was eben übrig war, und so starteten wir in Richtung Westukraine, mitten in den beginnenden Winter hinein.

Die Temperaturen in den Karpaten bewegten sich um den Gefrierpunkt, als wir in Lwiw landeten, was uns zunächst nicht störte, denn wir waren froh, überhaupt in einem Stück angekommen zu sein. Nicht ohne eine gewisse diebische Freude hatte unser Flugkapitän schon vor dem Abflug darauf hingewiesen, dass die Landung in Lwiw etwas unruhig verlaufen könnte. Wir würden praktisch auf einem »Kartoffelacker« landen, sagte er. Der Eiserne Vorhang war erst seit drei Jahren Geschichte und die Infrastruktur in den ehemaligen Ländern des Ostblocks marode. Wie marode, sollte sich dann auch im Anschluss auf der Fahrt von Lwiw nach Truskawez zeigen. In einem alten Sowjetbus ging es über vernarbte Straßen, vorbei an graugesichtigen Plattenbauten und aus der Zeit gefallenen Dörfern. Der Bus schnaufte und klapperte wie verrückt, jedes Schlagloch wurde ungefiltert an die Passagiere weitergegeben und hinten paffte eine schwarze Rauchwolke heraus.

Schon leicht benommen kamen wir am Sanatorium an und richteten uns ein. Das Sanatorium hatte schon bessere Tage erlebt. Schlammfarbene Fassaden, ein holpriger Innenhof und vom Zahn der Zeit angenagte Fenster und Türen. Aus den Kränen am Waschbecken lief zwar Wasser, doch darin war gefühlt mehr Chlor als alles andere. Auch die Zimmer waren nur mit dem Nötigsten ausgestattet, von Komfort keine Spur. Weil die Kälte scharf durch die dünnen Aluminiumrahmen der Fenster hereinzog, machte sich mein Vater erst mal daran, sie notdürftig mit Klebeband abzudichten. Das hatte er zufälligerweise mitgebracht. Dann kam der Doktor, beäugte, prüfte und vermaß mich in aller Ausführlichkeit. Als er endlich fertig war, sagte er: »Ein positiver Junge, jetzt nicht operieren.«

Die Operation, auf die er sich bezog, war eine Adduktorenotomie. Sie war mir von den behandelnden Ärzten in Deutschland empfohlen worden. Bei der Adduktorenotomie handelt es sich um die Durchtrennung der Sehnen der Hüftadduktoren, ein schwerwiegender Eingriff, der sehr schmerzhaft ist, massive Nebenwirkungen beinhalten kann und intensive Nachbehandlungen erfordert. Meinem Vater war bei dem Gedanken an eine solche Operation unwohl. Umso erfreuter nahm er Dr. Kozijavkins Diagnose auf.

Am zweiten Tag begannen die eigentlichen Behandlungen. Von nun an schwirrten Ärzte und Schwestern um mich herum und malträtierten mich mit einem ganzen Arsenal an therapeutischen Maßnahmen. Sie massierten mich, stachen Akupunkturnadeln in mich hinein, schlossen mir Elektroden an, machten Krafttraining mit mir, wickelten meine Muskeln anschließend in Bienenwachs und unterzogen mich der Manualtherapie nach Dr. Kozijavkin. Das lief so ab, dass der Doktor starken Druck auf bestimmte Gelenke ausübte, um von der Spastik betroffene Nervenblockaden zu lösen. Dafür überdehnte er meine Brustwirbel und meine Lenden- und Halswirbel. Um Letztere zu mobilisieren, bog er meinen Kopf seitlich nach hinten, laut Dr. Kozijavkin bis zu 15 Grad vor den Punkt, wo man eine Querschnittslähmung riskiert. Zum Glück beherrschte der Doktor sein Handwerk. Wie gesagt, der ganze Aufenthalt in der Ukraine war abenteuerlich. Mir, dem gerade mal Vierjährigen, war klar, dass hier etwas Besonderes vor sich ging, und ich genoss die Reise trotz aller Anstrengungen und diesem sonderbar fremden Land, in dem wir uns befanden, sehr. Zu diesem Zeitpunkt wusste ich nicht, dass es nicht bei diesem einen Aufenthalt im Sanatorium in Truskawez bleiben sollte.

Kapitel 11 – Kartoffelpuffer, bis der Arzt kommt

Während unseres ersten Besuchs in der Ukraine war die Erinnerung an den Schock von Tschernobyl bei der Bevölkerung noch lebendig. Knapp sieben Jahre zuvor, im April 1986, hatte die Atomkatastrophe im zentralukrainischen Prypjatgebiet weite Teile Europas in Angst und Schrecken versetzt. Die radioaktive Wolke breitete sich auch über Truskawez aus und verstrahlte die Landschaft. Die Region hatte gelitten, das war sogar für einen kleinen Jungen wie mich zu spüren. Die Menschen in der Stadt trugen dicke Mäntel und Fellmützen und mir fiel sofort auf, dass sie leicht gebeugt gingen, als läge ihnen eine unsichtbare Last auf den Schultern. Trotzdem begegneten sie Fremden wie uns sehr freundlich und mit großer Hilfsbereitschaft.

Mir bereitete das Laufen große Probleme, ich hatte Mühe, das Gleichgewicht zu halten, weshalb Vater mich meistens tragen musste. Bei unseren täglichen Ausflügen in die Umgebung gingen wir oft zu einem nahe gelegenen Staudamm, wo ich ein wenig Fahrradfahren üben durfte. Ich erinnere noch an den schmalen Weg, der über den Staudamm führte, eine löchrige Schotterpiste, gesäumt von Stacheldraht. Ich strengte mich an, mich einigermaßen gerade auf dem Rad zu halten. Mein Vater beäugte mich meist kritisch. Abends, nachdem die Therapien vorbei waren und ich auf Vaters Geheiß noch ein Extratraining dranhängte, spornte er mich an, doch noch ein Gedicht auswendig zu lernen, obwohl wir das schon während des Fahrradfahrens immer taten. Am Ende der meist zweiwöchigen Aufenthalte in der Ukraine war ich topfit und hatte jedes Mal ein neues Gedicht drauf. Meine Metamorphose von totaler Hilfsbedürftigkeit zu relativer Selbstständigkeit schritt im Sanatorium voran.

In der Ukraine war ansonsten von Aufbruch noch nicht viel zu sehen. Zu den ökologischen gesellten sich die ökonomischen Altlasten der Sowjetunion in Gestalt einer auch nach dem Zusammenbruch des Kommunismus immer noch existierenden Mangelwirtschaft. Mitten im Winter drehten die Russen obendrein noch das Gas ab, das in die Ukraine geliefert wurde, was die ohnehin schon kalten Gebäude noch kälter werden ließ. Da wir nicht wussten, was und wie viel es zu essen geben würde, hatten wir sicherheitshalber auch unser eigenes Essen aus Deutschland mitgenommen: Hartwurst und gutes fränkisches Vollkornbrot. Unser Vorrat reichte für 14 Tage. Überraschenderweise war der Speiseplan im Sanatorium dann aber gar nicht so schlecht: Unter anderen gab es Kartoffelpuffer mit Pflaumenmus in rauen Mengen und ich liebte Kartoffelpuffer.

Zwar war das Ambiente fragwürdig, der Speisesaal war, wie fast alle Räume im Sanatorium, grau gekachelt, das Essen wurde auf stählernen Rollwagen herumbugsiert und die resoluten Damen der Küchenbrigade trugen schneeweiße Hauben und sprachen mich in gebrochenem Deutsch an. Doch über die Verpflegung konnte ich mich nicht beklagen. Sobald die Rollwagen hereinklapperten, ließ ich mir eine großzügige Portion Kartoffelpuffer mit Pflaumenmus geben. Bald schon wussten die freundlich lächelnden Küchendamen mit ihren weißen Hauben Bescheid und luden mir in weiser Voraussicht eine doppelte Portion auf den Teller, damit mein Vater sie nicht bei nächster Gelegenheit schon wieder heranwinken musste. Mein Hunger muss nach all den Therapien gewaltig gewesen sein.

Die Behandlungen im Sanatorium waren sehr anstrengend, erst recht für einen Vierjährigen. Neben der Manipulation und Verdrehung der Wirbel im Rahmen der Manualtherapie, der nicht minder anstrengenden Krankengymnastik und Beübung der Gelenke, dem Bewegungs- und Krafttraining und den stundenlangen Massagen kam noch eine ganz spezielle Therapie hinzu: die Bienenstichtherapie. Davor hatte ich zunächst große Angst. Die Massage wurde unterbrochen und Dr. Kozijavkins Assistentin betrat mit einem freundlichen Lächeln das Behandlungszimmer. In ihrer Hand trug sie einen summenden Plastikbehälter von der Größe einer Streichholzschachtel. Der Behälter hatte kleine käfigartige Löcher, darin befanden sich die Bienen. Mittels einer Pinzette bugsierte sie vorsichtig eine Biene aus dem Behälter und setzte sie auf meine Haut. Die Biene tat, wozu sie engagiert worden war, sie stach zu. Das Ganze wurde mehrere Male auf verschiedenen Muskelpartien wiederholt. Bis die Biene ihr Gift vollständig appliziert hatte und nach Erfüllung ihrer therapeutischen Pflicht unter leisen Zuckungen starb. Für Mitleid blieb mir keine Zeit. Es tat höllisch weh.

Das Bienengift sollte einen positiven Effekt auf die nervliche Überaktivität in meinen verbogenen Gliedern haben. Es sollte die Muskelspannung reduzieren und mir eine geradere Haltung ermöglichen. Überhaupt war das das Ziel: mich zu begradigen. Dafür waren wir in die Ukraine zu Dr. Kozijavkin geflogen. Deshalb hatte mein Vater keine Kosten und Mühen gescheut. »Natürlich wollte ich aus dir etwas machen«, sagte er mal. »Meine Zielvorstellung war es, dass du eines Tages selbstständig würdest gehen können.«

Auf diesem Weg kam ich anfangs gut voran. Mein Vater, der über alles und erst recht über meine Behandlungen akribisch Buch führte, notierte zu Beginn des zweiwöchigen Aufenthalts in der Ukraine mich betreffend überraschende Fortschritte. Am 29. November schrieb er: »J. ist aufgedreht und motiviert über die neuen Bewegungsmöglichkeiten seiner Beine. Er kann sein linkes Knie plötzlich besser durchdrücken und schafft mit dem rechten Knie die Beugung fast bis zur Bettoberkante.« Doch dann wendete sich das Blatt. Am 10. Dezember, dem letzten Behandlungstag, hielt er einigermaßen ernüchtert fest: »Jeden Morgen finden wir die alte Verspannung vor, auch wenn J. am Vortag locker war. Es fällt auf, dass J. sein linkes Bein bauchliegend nicht zum Po hochkippen kann. Er schafft keine vernünftige Stehübung ohne Schuhe und macht zunehmend nur Blödsinn.«

Vermutlich diente der »Blödsinn« dem mentalen Spannungsabbau. Die Sache war bis auf die Kartoffelpuffer nicht gerade das, was sich ein Vierjähriger unter Ferien vorstellt. Zu allem Überfluss hatte ich mir auf der Reise auch noch die Windpocken eingefangen, weshalb ich das Gros der Zeit im Sanatorium auf unserem spartanisch eingerichteten, zugigen Zimmer in Quarantäne verbrachte. Die Therapien gingen währenddessen trotzdem weiter, sofern es meine körperliche Verfassung zuließ. Auf einen Außenstehenden mag dieses Programm wie eine Tortur wirken. Ich mochte die Herausforderung. Besonders bei jenen Sitzungen, bei denen zur besseren Kontrolle meiner Behandlungsfortschritte Videoaufzeichnungen gemacht wurden. Da strengte ich mich immer besonders an, versuchte immer besonders gerade zu gehen und zu stehen. Ich wollte es schaffen, wollte meinen Eltern und auch den Ärzten gefallen. »Du warst ein sehr positives Kind«, sagte meine Mutter mal, »hast dich von Anfang an fördern lassen und immer alles mitgemacht, was anstand.«

Damals war mir nicht immer klar, wozu die ganzen Anstrengungen dienen sollten. Heute bin ich dankbar dafür, dass mich meine Eltern schon früh angetrieben haben, mich körperlich zu verbessern. Ich profitiere seitdem von dieser mit viel Schweiß und großen Schmerzen erkauften Bewegungsfreiheit. Von einer Metamorphose zu sprechen wäre in diesem Zusammenhang wohl vermessen, ich war noch weit davon entfernt zu gehen, aber es ergaben sich doch Fortschritte. Allein das hellte das Gemüt meines Vaters auf und bestärkte ihn in der Annahme, dass sich die beschwerlichen Reisen in den Osten lohnten. Im Laufe der Jahre fuhren wir insgesamt siebenmal zu Dr. Kozjavkin. Ein ungeheurer Aufwand, sowohl zeitlich, physisch, mental, aber natürlich auch finanziell. Mein Vater ließ eben nichts unversucht, wenn es um meine Genesung ging.

Parallel zu meiner eigenen Entwicklung änderten sich auch die Voraussetzungen in der Ukraine. Das gerade erst aus der sowjetischen Zwangsherrschaft entlassene Land entwickelte sich Richtung moderner Staat. Sehr langsam, aber dennoch. Das Sanatorium wurde teilweise renoviert, die Bedingungen verbesserten sich allmählich und so gingen wir bei späteren Aufenthalten einerseits durch alte, ziemlich verfallene Gebäudeteile, die noch aus der Sowjetzeit stammten, um plötzlich in hellen, frisch modernisierten Räumen aus der Nachwendezeit zu stehen. Es war wie eine Zeitreise. Das Sanatorium veränderte sich. Ebenso das Land. Und auch ich.

In den Wochen nach dem ersten Ukraineaufenthalt stellte mein Vater erfreut fest, dass ich nicht nur sicherer stand und Gegenstände mit den Augen jetzt schneller erfassen konnte, auch vermochte ich es zum ersten Mal, mir eine Hose fast ohne Hilfe anzuziehen. Vor allem konnte ich (im Alter von vier Jahren) das erste Mal die Hände öffnen. Bei einem späteren Aufenthalt war ich plötzlich sogar in der Lage mit Messer und Gabel zu essen. Meine Physiotherapeutin und die Reittherapeutin im heimischen Bamberg bestärkten uns jedenfalls darin, dass sich die Therapiereisen in die Ukraine bezahlt machten. Sie zeigten sich regelrecht begeistert von den Fortschritten, die ich dort erzielte. Die Therapien bei Dr. Kozjavkin halfen mir. Auch für mich waren die Erfolge der Ukraine-Reisen deutlich spürbar. Schon allein deshalb, weil ich meine Situation, die von vielen Ärzten ja anfangs als ausweglos diagnostiziert worden war, nicht einfach nur hinnahm. Dr. Kozjavkin zeigte mir, dass Veränderung möglich ist, wenn auch nur in kleinen, manchmal winzigen Schritten. Immer in dem Bewusstsein, dass jeder noch so kleine Fortschritt morgen schon wieder zunichte sein kann, weil mein Körper nicht für mich arbeitet, sondern gegen mich.

Das Aufbäumen gegen meine Spastik, das ich auch während der Aufenthalte in der Ukraine beharrlich übte, eröffnete mir eine unverzichtbare Perspektive: das Geradegehen und Geradestehen, auf das mein Vater stets so großen Wert legte, das er mir bei jeder Gelegenheit einbläute (und es übrigens bis heute tut). Es wurde für mich zu einer Art Selbstversicherung. Wenn ich es schaffte, gerade zu stehen, konnte ich alles andere auch schaffen. Mein Motto lautete nun: Mach dich gerade, dann kann dir keiner was.

Kapitel 12 – Kassenkampf

Als wir aus Truskawez zurückkamen, erwartete meinen Vater eine böse Überraschung. Die Krankenkasse hatte die Kostenübernahme für meine Behandlung abgelehnt. Meine Familie würde wohl auf Ausgaben von mehreren Tausend D-Mark sitzen bleiben. Umgehend setzte sich mein Vater an den Schreibtisch und formulierte einen seitenlangen Widerspruch. Von diesen Widerspruchsschreiben setzte er etliche auf. Wie schon gesagt: Seit meiner Geburt schlug er sich mit der Krankenkasse und Sozialämtern herum. Die lehnten Behandlungen entweder rundweg ab oder pochten auf die Standardtherapien, von denen die meisten in meinem Fall aber keinen Fortschritt brachten. Wir hatten sie alle ausprobiert, das gesamte Spektrum.

Doch mein Vater wollte mehr. Er gab sich mit den Standardverfahren nicht zufrieden, informierte sich über neue Methoden und therapeutische Ansätze, er wurde bei Heerscharen von Medizinern vorstellig, um deren Meinung einzuholen, und er ließ sich über alternative Behandlungen aufklären. Sein Wissen in Sachen frühkindlicher Cerebralparese, Neuropädiatrie und integrativer Therapiekonzepte wuchs täglich. Er hatte sich so sehr in das Thema vertieft, dass er sich nicht selten gegen die schulmedizinische Lehrmeinung stellte. Meine Mutter störte das. Sie war durchaus nicht immer einverstanden mit der Rigorosität, mit der mein Vater bei den mich betreffenden Behandlungen vorging. »Er hielt die Dinge, von denen er überzeugt war, dann auch immer gleich für das Nonplusultra«, beschwerte sich meine Mutter. »Ich fand das fatal.«

Auch die Ärzte schätzten es nicht immer, wenn da jemand ankam, der mitunter besser informiert war, als sie das von ihren Durchschnittskunden gewöhnt waren. Vermutlich jubelte auch die Krankenkasse nicht, wenn sie mal wieder Post von meinem Vater erhielt. Aber das beruhte auf Gegenseitigkeit. Bei der Kasse ging es in erster Linie nicht um Fachwissen, sondern um viel Geld. Darum mauerte sie, wenn ihr jemand mit Sonderwünschen kam. Ich halte das in gewisser Weise für nachvollziehbar, schließlich beruht unser Gesundheitswesen auf dem Solidarsystem. Würde jeder Patient nach einer Extrabehandlung fragen, stünden die Kassen wohl sehr schnell vor dem Kollaps. Andererseits muss das, worauf sich irgendwelche Spezialisten mal verständigt haben, nicht unbedingt immer das Beste sein. Der Markt der medizinisch-therapeutischen Leistungen ist groß und letztlich hat jeder Patient unterschiedliche Bedürfnisse. Aus diesem Anspruch heraus übte sich mein Vater weiterhin in kritischem Widerstand gegen die herrschende Meinung der Kassenärzte.

Er ließ sich auch nicht davon beeindrucken, dass die Krankenkasse am längeren Hebel saß, sondern bestand auf einer Behandlung, die für mich die größten therapeutischen Fortschritte versprach. Standards hin oder her. Also kämpfte er einen Kampf, den viele wegen mangelnder Erfolgsaussichten wohl gar nicht erst aufgenommen hätten. Seine Motivation dafür speiste sich aus der nicht unbegründeten Angst, dass seinem Kind eine Zukunft in einer Behinderteneinrichtung drohte. Für meine Eltern war das keine Option. Sie wollten mir die bestmöglichen Entwicklungschancen bieten. Und mal ehrlich, wollen das nicht alle Eltern für ihre Kinder? Also fochten sie für bessere Therapien für mich. Die Kosten wollten sie von unserer Krankenversicherung übernommen wissen. »Für was habe ich eigentlich eine Krankenversicherung?«, fragte mein Vater einmal. »Für Hustentropfen brauche ich sie nicht.«

Das war auch eine existenzielle Frage. Denn die Kosten, die sich im Laufe der Jahre für die Therapie meiner Behinderung aufgetürmt hatten, waren stattlich. Zwar ging mein Vater einem Beruf nach und verfügte damit über ein geregeltes Einkommen, doch es war ja nicht nur ich, der Kosten verursachte. Unsere Familie war inzwischen gewachsen. Neben meiner älteren Schwester Katharina hatte meine Mutter auch noch meinen Bruder Florian und meine Schwester Anna bekommen. Es galt also, eine sechsköpfige Sippe zu ernähren und zu bespaßen. Und mein Vater tat, was in seinen Möglichkeiten stand, um die wenige Zeit, die ihm neben dem Kampf für mich noch blieb, zu nutzen, um auch die anderen Familienmitglieder zu ihrem Recht kommen zu lassen.

Das gelang ihm mal mehr, mal weniger gut. Meist versuchte er, die unterschiedlichen Bedürfnisse zufriedenzustellen, indem er etwa meine Therapie- oder Kuraufenthalte mit Familienurlauben kombinierte oder in den seltenen Fällen, in denen wir mal ausgiebig mit der Familie in den Urlaub fuhren, meine Reha-Maßnahmen einzubauen. Die dadurch entstehende Doppelbelastung war enorm. Im Grunde hatten meine Mutter und er zwei Familien zu versorgen: einmal meine drei nicht-behinderten Geschwister und dann noch mich.

Hinzu kamen die ständigen Kleinkriege mit den Behörden. Wie sehr meinen Vater die Auseinandersetzung mit der Kasse beschäftigte, ließ er sich nicht anmerken. Später deutete er lediglich an, dass ihm der zum Teil monatelange Kampf, das zähe Ringen um Kostenübernahme zusetzte. »Der Mensch spielt im System unseres angeblichen Sozialstaates offensichtlich eine untergeordnete Rolle«, sagte er. »Hauptsache, dass die Kosten paragraphengestützt verneint werden können.« Eine gewisse Bitterkeit war nicht zu überhören. Nachgeben kam für ihn trotzdem nicht infrage. Die Kasse hatte die Übernahme der Kosten für den ersten Ukraineaufenthalt bekanntlich abgelehnt, wogegen mein Vater Widerspruch einlegte. Nun stand der zweite Ukraineaufenthalt an und damit erneut die Frage der Finanzierung im Raum. Vater hatte inzwischen mehrere Gutachten eingeholt, die den therapeutischen Nutzen des Aufenthalts in Truskawez bestätigten, und tatsächlich, die Kasse erklärte sich bereit, die ärztlichen Behandlungskosten im Sanatorium zu übernehmen.

Es gab jedoch einen Haken. Wir sollten anerkennen, dass es sich dabei um eine Einzelfallentscheidung handelt, mit der kein Rechtsanspruch für zukünftige Behandlungen verbunden war. Das stieß meinem Vater übel auf, denn für eine Grundsatzentscheidung setzte er sich ja ein. Er wollte ein generelles Umdenken bei der Kasse erzwingen, die es sich seiner Meinung nach mit der Beschränkung der Kostenübernahme für Behandlungen auf deutschem Boden viel zu einfach machte. Ergo verweigerte er sein Einverständnis und lehnte das Angebot ab.

Wir fuhren also zum zweiten Mal in die Ukraine, ohne zu wissen, wer für die Kosten aufkommt. Zunächst einmal ging mein Vater wie immer in Vorleistung. Er war vom Nutzen der Behandlungen überzeugt und die Ärzte bestätigten ihn.

Kapitel 13 – Außenseiter-Methoden

Wieder in Deutschland zeigten sich die mich untersuchenden Ärzte, insbesondere des Medizinischen Dienstes der Krankenkassen (MDK), ziemlich verwundert von den Fortschritten, die ich dank der unterschiedlichen Therapien, inklusive der zweiwöchigen Reise in die Ukraine, gemacht hatte. Offenbar hatten die Mediziner mit einer solch positiven Entwicklung meines Zustandes nicht gerechnet. Es war uns in der Tat gelungen, meine Spastik einzudämmen und teilweise sogar zurückzudrängen. Körperlich hatte ich die Ärzte mit ihren anfangs eher pessimistischen Prognosen Lügen gestraft. Geistig entwickelte ich mich glücklicherweise ohnehin recht gut.

Meinen Vater wiederum spornten die Therapieerfolge zu weiteren Recherchen an. Schon bald stieß er – nach einem Tipp von anderen Eltern in der Ukraine – auf einen neuen, höchst ungewöhnlichen Ansatz, von dem er sich eine weitere Verbesserung meiner körperlichen und geistigen Situation versprach. Es handelte sich dabei um ein integratives Therapiekonzept, dessen Hauptbestandteil eine sogenannte »Horchpädagogik«

ist: die Tomatis-Methode. Benannt nach einem französischen HNO-Arzt, beruht die Therapie auf der Behandlung mit speziell aufbereiteter Musik und Stimmen, etwa der modifizierten Mutterstimme. Dadurch sollen beim Patienten bestimmte Hirnregionen aktiviert werden, die zum Wohlbefinden beitragen und zugleich Angstblockaden lösen helfen. Man wird quasi akustisch ins vorgeburtliche Stadium zurückversetzt. Klingt abgefahren, ist es auch.

Mein Vater zeigte sich von den therapeutischen Möglichkeiten dieser auditiven Hirnstimulation so begeistert, dass er umgehend alles in die Wege leitete, um sie auszuprobieren. Und so fuhr die gesamte Familie – die anderen wurden wieder mal eingebunden – im Juni 1994 ins Allgäu, wo zwei Wochen Basistraining in der Tomatis-Methode anstanden. Offenbar verbesserten sich meine Parameter in der Folge deutlich, sodass schon im August des Jahres ein Folgetraining angesetzt wurde, für das wir erneut ins Allgäu fuhren. Mein Vater verzeichnete deutliche Fortschritte beim Schielen, beim Gleichgewichtsempfinden und bei der Schiefstellung meines Kopfes. »Vor allem beim therapeutischen Reiten war die Vertikalisierung unübersehbar«, notierte er in sein Tagebuch. Kein Aufwand war ihm zu viel, um mich gerade zu bekommen.

Als mir die Ärzte dann beim nächsten Untersuchungstermin in der Orthopädie eine »sehr schöne Überdachung beider Hüftgelenke« attestierten, ein Befund, der angesichts der Schwere meiner Behinderung kaum erwartet wurde, war das für meinen Vater nur eine zusätzliche Motivation, den eingeschlagenen Weg fortzusetzen und sich auch von den inzwischen schon gewohnheitsmäßigen Ablehnungsbescheiden der Krankenkasse hinsichtlich der Kostenübernahme für die sogenannten »Außenseiter«-Methoden nicht bremsen zu lassen. Die Kasse kam selbstverständlich für sämtliche schulmedizinischen Anwendungen ohne Murren auf. Für alles, was nicht zum üblichen Leistungskatalog zählte, fand sich dann jedoch auf wundersame Weise stets ein Gutachter, der die von meinem Vater eingereichten Therapien aus irgendwelchen Gründen ablehnen würde.

Mein Vater war so überzeugt von den alternativen Behandlungsmethoden, dass er mit seinen offiziellen Widersprüchen gegen die Ablehnung von Therapiemaßnahmen nicht nur vor die Schiedsstelle der Krankenkasse zog, sondern letztlich auch Sozialgerichte bemühte. Er kämpfte dabei in erster Linie für mich und meine Genesung. Er kämpfte aber auch gegen ein viele Jahrzehnte gewachsenes System, das Abweichler nicht tolerierte und das alles jenseits der Standardbehandlungen gerne verhindern wollte. »In Deutschland wird in Sachen Behinderung vielfach nur Kosmetik betrieben«, sagt mein Vater. »Es wird lediglich versucht, eine Verschlimmerung des Zustandes zu verhindern. Eine wirkliche Verbesserung wird nicht angestrebt.« Und weil mein Vater für solche Verbesserungen kämpfte, zog er einmal sogar bis vor den EU-Gerichtshof. »Nachdem ich beim Sozialgericht gescheitert bin, habe ich Beschwerde beim EU-

Gerichtshof eingelegt.« Da die Beschwerde jedoch kaum Aussicht auf Erfolg hatte, gab er seinen Widerstand bald auf. Es sollte das einzige Mal sein, dass er nicht bis zum Ende durchzog. »Da hatte ich keine Hoffnung mehr.«

Dennoch war seine Hartnäckigkeit nicht umsonst. Ich sage mir, dass dieser Kampf für mich auch allgemein einen nicht ganz unwichtigen Schritt hin zu einer Liberalisierung unseres manchmal doch arg schematisch operierenden Gesundheitssystems im Umgang mit Behinderten bedeutete. Jedenfalls stelle ich mir vor, dass meine Eltern mit ihrem bewundernswerten Einsatz für mich den Weg zur Inklusion an der ein oder anderen Stelle zumindest ein kleines Stück breiter gemacht haben. Dass sie auf diesem Weg immer mal wieder auch auf Menschen trafen, die durchaus bereit und in der Lage waren, außerhalb der Verordnungen und Standardverfahren zu denken und zu handeln, muss erwähnt werden. Dafür sind wir dankbar. Aber das war die Ausnahme, nicht die Regel.

Der Preis für diesen aufopferungsvollen Kampf war hoch. Mit zunehmender Dauer meiner Behandlungen und dem immer intensiver werdenden Engagement, insbesondere meines Vaters, zeigten sich Risse im Familiengefüge. Ich war noch zu jung, um es selbst wirklich erfassen zu können, doch das innerfamiliäre Ungleichgewicht zu meinen Gunsten nahm ungesunde Ausmaße an. Auf der einen Seite war ich, der pflegebedürftige Sohn mit Behinderung, um den der Vater sich so nachdrücklich kümmerte. Auf der anderen Seite waren meine drei anderen Geschwister, Katharina, Florian und Anna, denen meine Mutter ständig das Gefühl zu geben versuchte, nicht die zweite Geige zu spielen. Und dann war da natürlich meine Mutter selbst. Sie litt darunter wohl sehr und fühlte sich zunehmend verloren. Das sollte bald Konsequenzen haben.

Kapitel 14 – Explosive Mischung

Menschen definieren Normalität aus ihren jeweils spezifischen Lebenszusammenhängen, aus ihrem individuellen Erfahrungsschatz, und da spielt Behinderung in der Regel eher keine Rolle. Für meine Eltern war es darum ein großer Schock, plötzlich mit einem behinderten Kind konfrontiert zu werden. Sie stellten sich auf ihre Art und Weise darauf ein. Meine Mutter, indem sie ihr Leben möglichst so weiterleben wollte, wie es war. Das ging nur, indem sie mich wie ein ganz normales Kind behandelte. Auch wenn das doppelt anstrengend war, schaffte sie es auf bewundernswerte Art und Weise, mir nie das Gefühl zu geben, eine Sonderbehandlung zu bekommen, geschweige denn, dass ich eine verdient hätte. Und von unserem Umfeld verlangte sie genau das Gleiche im Umgang mit mir. Kein Behinderten-Bonus für Johannes, lautete ihr Motto.

Mein Vater machte hingegen gar nicht erst den Versuch, so zu tun, als ob alles in Butter wäre. Er war Realist und glaubte wohl auch selbst nicht, dass seine Fürsorge für mich in irgendeinem Verhältnis zu der Fürsorge stand, wie er sie dem Rest der Familie angedeihen ließ. Aber es war aus seiner Sicht der einzige Weg, mir ein normales Leben zu ermöglichen. Etwas, dass alle Ärzte mit Sicherheit ausgeschlossen hatten. Auch meine Mutter wollte die Opferrolle nicht: »Wir sahen eine Chance. Und die haben wir dann auch ergriffen. Wir ziehen das durch.« Mit mir. Für mich. Aber auch für sie selbst.

Zwischen diesen beiden Polen, der freigeistigen, extrovertierten, aber auch nach Harmonie strebenden Herangehensweise meiner Mutter und dem akribischen, etwas unterkühlten, gleichwohl unbeugsamen Gemüt meines Vaters wuchs ich auf. Die beiden sind sehr unterschiedlich. »Cool« ist ein Wort, das meine Mutter oft benutzt. Sie ist sehr eloquent und redet, wie ihr der Mund gewachsen ist. Mein Vater bedient sich hingegen eher sperriger Phrasen wie »Imbissgelegenheiten«, die ihm zufolge seiner Ehe zum Verhängnis wurden. Das sagt eigentlich alles. Die beiden sind wie zwei starke chemische Stoffe, die sich zu einem kraftvollen Amalgam verbinden konnten. Mischte man sie im falschen Verhältnis, entstand daraus aber auch nicht selten etwas Explosives.

Ich lernte, mich im Leben zurechtzufinden, wie die meisten anderen Heranwachsenden vermutlich auch. Ich hatte jedenfalls nicht das Gefühl, das mir etwas fehlte. Klar, ich wusste, dass ich anders war als die Nicht-Behinderten. Das wurde mir in fast jeder Minute, die ich mich in Gesellschaft anderer befand, bewusst gemacht. Aber es störte mich nicht groß. Ich empfand mich grundsätzlich als normal. Mein Leben machte mir Spaß. Ich kannte kein anderes.

Wie viel genau meine Eltern dafür zu tun bereit waren, die Chancen, die ich eigentlich nicht hatte, zu ergreifen, um mir ein normales, selbstständiges Leben zu ermöglichen, zeigte sich erneut im Zusammenhang mit der Tomatis-Methode. Von ihr versprach mein Vater sich große Fortschritte für mich, und so beließ er es nicht bei mehreren Basisseminaren im Allgäu. Er wollte mit mir nach Paris, ins Hauptquartier der Audio-Psycho-Phonologie-Bewegung, also der Tomatis-Therapie, um dort »den Chef zu sprechen«, wie er es nannte. Professor Alfred A. Tomatis, von Hause aus Hals-Nasen-Ohren-Arzt, hatte sich irgendwann um die Mitte des vergangenen Jahrhunderts der Stimmbehandlung verschrieben. Tomatis stammte aus einer musikalischen Familie, der Vater war Opernsänger, er selbst begleitete seinen Vater regelmäßig zu Auftritten, scheiterte später aber an einer eigenen Karriere als Sänger. Stattdessen studierte er Medizin und beschäftigte sich frühzeitig mit den Grundlagen der menschlichen Stimmbildung. Tomatis formulierte die These, dass die meisten Stimmkrankheiten mit Defiziten im Hörapparat zusammenhängen. Demnach kann die Stimme nur das singen, was das Ohr auch hört. Fehlen dem Sänger im Ohr bestimmte Tonfrequenzen, kann er sie auch stimmlich nicht nachbilden.

Das Ziel war es daher, durch die Erfindung eines Apparates, den Tomatis das *Elektronische Ohr* nannte, das Mittelohr so zu stimulieren, dass der Patient für die fehlenden Töne empfänglich wird. Der Professor war überzeugt, dass seine Erkenntnisse nicht nur Sängern zugutekamen, sondern auch bei anderen psychischen Erkrankungen wie Dyslexie, Depression oder Autismus helfen konnten, deren Grundlagen seiner Meinung nach schon im Mutterleib gelegt wurden. Sein Versprechen lautete, diese Erkrankungen mittels Anwendung des Elektronischen Ohres, wenn nicht zu heilen, so doch bedeutend lindern zu können. Mein Vater war begeistert von dem Ansatz.

Und so fuhren wir im Januar 1995 mal eben nach Paris, um dort meine Horchtherapien zu vertiefen. Meiner Mutter, die mit meiner Schwester Anna gerade ein vier Monate altes Baby zu versorgen hatte, machte er die Reise dadurch schmackhaft, mal raus aus dem Alltag zu kommen und ein paar herrliche Tage in Paris zu verbringen. Dass die ganze Unternehmung – 800 Kilometer Fahrt für eine Strecke – mit unserem ollen Opel Kadett stattfinden sollte, in den die gesamte sechsköpfige Familie inklusive Gepäck und Kinderfahrräder hineingequetscht wurde, pries er unter dem Aspekt gesteigerten Erlebnisgewinns und größerer Abenteuerlichkeit an.

Kurz vor der Abfahrt drohte der Trip zu scheitern. Meine Oma war auf winterlichem Glatteis ausgerutscht und hatte sich den Oberschenkelhals gebrochen. Vater zögerte kurz, ob er zu seiner schwer verletzten Mutter eilen sollte, organisierte dann aber in Windeseile deren Versorgung, indem er Verwandte und Freunde darum bat, sie im Krankenhaus zu besuchen und sich um sie zu kümmern. Dann brach er mit uns Richtung Frankreich auf. Er ließ sich in seinem Plan, mich durch das neuartige Hörtraining körperlich voranzubringen, nicht stoppen. Horchen war wichtiger als bei Oberschenkelhalsbrüchen zu trösten.

In der Avenue de Friedland hatte Papa uns ein Neun-Bett-Zimmer in einer klosterähnlichen Gemeinschaft organisiert. Wir schliefen in Doppelstockbetten und hatten unseren Spaß. Zum Tomatis-Anwendungszentrum am Boulevard de Courcelles war der Weg nicht weit, gemeinsam mit Mama absolvierte ich dort die Horchübungen. Meine Mutter absolvierte ebenfalls spezielle Horchübungen, sie dienten als wesentlicher Bestandteil der Therapie, denn Professor Tomatis war überzeugt davon, dass die gefilterte Mutterstimme unerlässlich dafür ist, dem Patienten, also mir, die Erlangung bestimmter Hörfrequenzen zu ermöglichen.

Ich setzte also die Kopfhörer auf und lauschte, was da kam. Es kam Musik, gefiltert durch das *Elektronische Ohr*, das vorbereitete Töne und Musiken über eigens konstruierte Kabel auf den Spezialkopfhörer einspielte. Diesen Klangbildern musst man in jeder Sitzung viermal 30 Minuten lang zuhören. Man durfte während dieser Horchsitzungen durchaus andere Sachen machen, zum Beispiel Zeichnen, puzzeln oder sogar schlafen. Keinesfalls aber durfte dabei gegessen oder gesprochen werden, denn das, so Professor Tomatis' Überzeugung, war dem Behandlungserfolg abträglich.

Der ersten Sitzung gingen eine ausführliche Anamnese sowie ein allgemeiner Horchtest voraus. Neben der

Mutterstimme kam hauptsächlich hochgefilterte Mozartmusik zum Einsatz, da diese voller Obertöne ist und damit besonders geeignet, bestimmte Frequenzen im Ohr zu stimulieren. Zum Ausgleich bekam ich unter anderem gregorianische Gesänge auf die Ohren, denn die sollten beruhigend wirken. Nun ja.

Bei mir hatte der Horchtest eine Asymmetrie in den Frequenzen ergeben und ebenjene Frequenzen standen nach Überzeugung Tomatis' in direktem Zusammenhang mit der Körperkontrolle. Die Idee dahinter war, über die Erschließung bestimmter Hörfrequenzen auch die Balance über meinen Körper wiederzuerlangen. Tatsächlich wurde ich nach den Sitzungen beim Fahrradfahren sicherer und bewegte mich weniger ängstlich durch den Alltag. So erinnerte es Papa jedenfalls.

Man muss dazu wissen, dass Fahrradfahren etwas ist, dass ich am allerliebsten tue. Auf dem Fahrrad habe ich das Gefühl, mich frei bewegen zu können, obwohl, und das mag komisch klingen, ich mit den Füßen am Fahrrad festgeschnallt werden muss und mit Stützrädern fahre. Aber auf dem Fahrrad kann ich mich ausleben, kann mich richtig verausgaben, bis der Schweiß die Augen runterläuft. Fahrradfahren gibt mir ein unbeschreibliches Gefühl von Freiheit, Selbstständigkeit und Normalität. Denn was ist normaler, als aus eigener Kraft von A nach B zu kommen?

Als Kind war das Fahrradfahren für mich das größte Vergnügen. Ich erinnere mich noch gut an die Fahrradausflüge mit Papa in der Ukraine, während derer wir

Gedichte übten. Oder mit Mama durch Paris, wo sie mir Französisch beibrachte, während ich Fahrrad fuhr. Ich bewegte nicht nur meinen Körper, sondern auch meinen Geist auf dem Rad und das machte unglaublichen Spaß. Dennoch hatte ich manchmal Angst, denn gerade auf unebenem Gelände war es für mich schwierig, das Gleichgewicht zu halten, aufrecht zu bleiben. So bin ich als Kind auch oft umgekippt und habe mir irgendwas aufgeschlagen. Dennoch war das Fahrradfahren einer der wesentlichen Bestandteile meiner Therapie und es muss für meinen Vater daher von großer Bedeutung gewesen sein, dass die ersten Sitzungen mit der Tomatis-Methode dahingehend Verbesserungen gezeigt hatten.

So setzte er eine Reihe von Anschlussbehandlungen im Tomatis-Zentrum durch. Bis zum Mai des darauffolgenden Jahres fuhren wir insgesamt achtmal nach Paris.

Unsere Tage dort sahen weitgehend gleich aus. Während ich in Begleitung von Mama vier jeweils 30-minütige Horchsitzungen absolvierte, hatte Papa sich in das Ausbildungszentrum der Tomatis-Leute begeben, um sich dort selbst in der Behandlungsmethode unterrichten zu lassen. Zwischen den Sitzungen genossen wir die Zeit in Paris, erkundeten die Stadt, teilten die Lebensart der Franzosen und ließen es uns gut gehen. Vor allem Mama genoss die Stunden zwischen den Sitzungen. Papa war da schon weiter. Er hatte den Entschluss gefasst, selbst zum Tomatis-Therapeuten zu werden, und während Mama und ich uns im Anwendungszentrum von dem Elektronischen Ohr beschallen ließen, erhielt er im Ausbildungszentrum von den Tomatis-Leuten seine ersten Instruktionen. Er wollte die Methode selbst anwenden können, sich nicht auf andere verlassen müssen. Das führte schließlich dazu, dass er einige Wochen später ins belgische Sint-Truiden fuhr, um im dortigen Audio-Psycho-Phonologie-Zentrum das erforderliche Praktikum für die weiterführende Ausbildung in Paris zu absolvieren. Ein irrer Aufwand, den er aber bereitwillig auf sich nahm. Selbstverständlich »in Abstimmung mit allen anderen Aktivitäten«, wie er sich ausdrückte.

Diese »anderen Aktivitäten« nahmen immer weniger Raum ein. Je mehr mein Vater in der Rolle des Haustherapeuten für mich aufging, desto weniger Zeit blieb ihm für anderes. Neben der Ausbildung in der Tomatis-Methode, standen auch weiterhin mindestens einmal im Jahr mehrwöchige Besuche bei Dr. Kozjavkin in der Ukraine auf dem Programm. Dazu die konventionellen Therapien, wie Krankengymnastik, Ergotherapie, Therapeutisches Reiten, Bewegungsbäder, Feldenkrais-Sitzungen, oder die Konduktive Therapie nach Petö, und nicht zu vergessen die fortwährenden Streitereien mit der Kasse, den Sozialgerichten, den Gutachtern des Medizinischen Dienstes, dazu das ständige Vorstelligwerden bei den behandelnden Ärzten und so weiter. Es war ein über Jahre hinweg stoisch praktiziertes Mammutprogramm, das meine Eltern mit mir und für mich durchzogen. Und im Rückblick ist mir eigentlich klar, dass das nicht gut gehen konnte. Der große Knall war unvermeidlich.

Kapitel 15 – Liebesfalle Kreissparkasse

Meine Mutter hatte genug von ihrer Ehe. Sie wollte die Scheidung. Für meinen Vater kam das nicht mehr allzu überraschend. Es war seit einiger Zeit ein offenes Geheimnis, dass sie eine Affäre mit einem anderen Mann hatte. Es begann bereits wenige Monate nach der Geburt meiner Schwester Anna im Jahr 1994. Und es hatte mittelbar auch mit mir und meiner Behinderung zu tun. »Ich habe mich wahnsinnig allein gefühlt in dieser Zeit«, sagte meine Mutter einmal. Sie bezog das vor allem auf meinen Vater, von dem sie sich mehr Unterstützung erwartet hatte.

Einmal im Jahr im Herbst besuchten meine Eltern eine Veranstaltung der Kreissparkasse Bamberg. Bei diesen sogenannten Wirtschaftstagen hörten sie sich Vorträge zum Thema Geld und gutes Wirtschaften an. Da mein Vater an jenem Abend im Jahr 1995, als der Vortrag stattfand, aber Orgeldienst in der Kirche hatte, ging meine Mutter allein zur Sparkasse. Dort lernte sie Stephan kennen. »Ich hatte schon einen sparsamen Mann, und dann lernte ich einen Mann kennen, der noch sparsamer war«, sagt sie heute rückblickend. Dennoch verliebte sie sich in Stephan. Die beiden begannen eine Affäre. Bald schon telefonierten sie miteinander und trafen sich auch. Des Öfteren belauschte ich eines dieser Telefongespräche. Ich hörte, wie Mutter liebevoll mit jemanden am anderen Ende der Leitung sprach. So sprach sie mit Vater eigentlich nie. Mir war schnell klar, was das bedeutete.

Irgendwann bekam auch mein Vater Wind von der Affäre. Aber er ließ sich nichts anmerken. Er hätte den Zustand auch noch länger ertragen, wie er später sagte. Für ihn wäre es sogar eine Option gewesen, dass meine Mutter im Haus wohnen bliebe und die Beziehung zu Stephan fortführte, so schräg das klingt. Mein Vater ist katholisch. Fest im Glauben. »Wenn ich einmal zu etwas Ja gesagt habe, dann bleibe ich auch dabei. Ein Leben lang.« Diese Haltung stattete ihn mit einer großen Duldsamkeit aus. Dennoch sieht er das Scheitern seiner Ehe als Niederlage an. »Das ist ein wunder Punkt. In der ersten Zeit nach deiner Geburt dachte ich noch, die Welt ist in Ordnung. Dass die Wünsche deiner Mutter vielleicht unter die Räder gekommen sind, das kann ich nicht abstreiten.«

Und wie diese Wünsche wohl unter die Räder gekommen sein mussten. Nur ein Beispiel: Wenn meine Mutter vorschlug, mit ihm in die Eisdiele zu gehen und ein bisschen auszuspannen, wies mein Vater darauf hin, dass wir uns das Eis auch bei Aldi kaufen und mit nach Hause nehmen könnten. Er sah das sehr sachlich. Warum ein paar Portionen Eis für viel Geld in der

Eisdiele kaufen, wenn man es auch für einen Bruchteil beim Discounter bekommen konnte und zudem noch Zeit dabei sparte? Den sozialen Aspekt eines Eisdielen-Besuches blendete er wohl in dieser Situation aus. Dass man dort sitzen, die Leute beobachten, sich über lustig sprechende Kellner und einen magischen Berg unterschiedlichster Gelato-Varianten wundern konnte, das sah er offenbar nicht. Für meine Mutter wurden solche Kleinigkeiten immer schwerer zu ertragen.

»Im Nachhinein muss ich sagen, dass ich die Mama vielleicht öfter in den Arm hätte nehmen müssen«, gab mein Vater einmal zu. Ganz entgegen seinen sonstigen Gewohnheiten erlaubte er sich daraufhin sogar einen außergewöhnlichen Anflug von persönlicher Betroffenheit: »Das Zerbrechen unserer Ehe war für mich ein schwerer Einbruch.« Für mich persönlich hat das eine gewisse Tragik, und eine Zeit lang fragte ich mich, ob ich an der Trennung meiner Eltern und dem Zerbrechen unserer Familie schuld sei. Inzwischen weiß ich, dass ich die Trennung allenfalls beschleunigt habe. Schuld war ich nicht. Die Hauptursache lag in den vollkommen unterschiedlichen Charakteren meiner Eltern. Es konnte nicht gut gehen. Oder, wie meine Mutter einmal sagte: »Ich habe den ersten Mann gebraucht, um zum zweiten zu kommen.«

Um das Jahr 1998 herum war die Affäre meiner Mutter, die inzwischen zu einer festen Beziehung geworden war, für alle Beteiligten nicht mehr zu leugnen. Es kam zu einer entscheidenden Konfrontation. Anlass war ein spezielles Geschenk, das Stephan meiner Mutter gemacht hatte: ein neues Auto. Ein Opel Kombi in weinrot. Nun wurde es selbst meinem Vater zu bunt und er stellte meine Mutter zur Rede. Dennoch lief die Affäre auch danach noch weiter, sozusagen parallel zur Ehe. Meine Eltern hatten sich mehr oder weniger explizit auf einen *modus vivendi* verständigt, um den häuslichen Frieden nicht übermäßig zu strapazieren. Es wussten zwar alle in der Familie, was los war, aber offen darüber gesprochen wurde nicht. Das Schweigekartell zwischen meinen Eltern sollte dazu dienen, die Fürsorge der Kinder zumindest in den ersten wichtigen Jahren ihres Lebens – meine jüngste Schwester war erst vier, ich neun – zu gewährleisten. Es war ebenso klar, dass dieser Zustand nicht ewig fortdauern könnte, und so sprachen meine Eltern irgendwann im Laufe des Jahres 1999 das aus, wovor wir Kinder uns immer gefürchtet hatten: »Wir trennen uns.«

Unsere Familie brach damit auseinander. Wir zogen nach Bamberg, in das Haus von Stephan, dem neuen Mann meiner Mutter. Papa blieb in unserem Haus in Königsfeld wohnen. Es war zwar keine weite Entfernung, lediglich 35 Kilometer, aber die Umstellung war dennoch gewaltig. Stephan hatte das Haus in Bamberg schon ein Jahr zuvor gekauft, nun zogen wir in das leere Haus und mussten uns in der neuen Umgebung erst einmal zurechtfinden. Begeistert war ich davon nicht.

Für meine Mutter war die Trennung von meinem Vater ein Befreiungsschlag. »Es war herrlich«, sagt sie heute über diese erste Zeit im neuen Haus in Bamberg. »Ich als Mutter fühlte mich zum ersten Mal seit Johannes' Geburt wieder so richtig entspannt. Das Leben fühlte sich wieder leicht an. So ganz ohne Druck.«

Dass mein Handicap in den Jahren zuvor zum ständigen Zankapfel zwischen meinen Eltern geworden war, hatte ich zunächst gar nicht mitbekommen, wie auch, ich war noch klein. Was ich aber durchaus mitbekommen hatte, waren die immer zahlreicher werdenden Streitereien zwischen den beiden, insbesondere dann, wenn es um meine Behandlungen ging. An diesem Punkt manifestierten sich die unterschiedlichen Lebenshaltungen meiner Eltern und sorgten für Spannungen. Oftmals entzündeten sich die Konflikte konkret an der Art und Weise und auch der Intensität der mich betreffenden Therapien.

Für meinen Vater stand dabei das bestmögliche körperliche Ergebnis im Vordergrund, auch wenn manchmal ein wenig mehr emotionale Aufmerksamkeit vielleicht besser für mich gewesen wäre. Meine körperliche Entwicklung, die Verbesserung meiner motorischen und auch intellektuellen Fähigkeiten, hatte bei ihm einen hohen Stellenwert. Für meine Mutter war das zwar auch wichtig, sie hatte aber am meisten Angst davor, dass ich zu wenig soziale Kontakte haben könnte oder dass ich mich als Erwachsener nicht normal fortbewegen oder mir die Schuhe würde binden können. Ihr ging es eher um das Grundsätzliche, meinem Vater ging es um die therapeutischen Details. Auch wenn meine körperlichen

Fortschritte oft nur mit der Lupe und mittels Videoaufzeichnungen festzustellen waren, jeder Millimeter, den
ich weniger nach rechts oder links kippte, zählte für ihn.
Papa war Realist, er wusste, dass mein Handicap sich
nicht eines Tages einfach in Luft auflösen würde. Also
strebte er nach dem Machbaren. Und das lag eben im
Millimeterbereich.

In ihren Zielsetzungen waren meine Eltern aber gar
nicht so verschieden, beide wollten ein möglichst selbstständiges Leben für mich. Mama hatte immer ein wa-
ches Auge für Äußerlichkeiten. Als Bühnenbildnerin
und freischaffende Künstlerin legte sie großes Augen-
merk auf die Ästhetik. Sie handelt gern intuitiv, erfreut
sich an der Leichtigkeit der Dinge und vermag Stim-
mungen und Emotionen sehr gut zu erfassen und sich
ihnen spontan hinzugeben.

Meine Mutter ist eine starke Frau. Was sie geleistet hat
im Leben, kann man nicht hoch genug schätzen. Was sie
für mich getan hat, sowieso nicht. Dafür bin ich ihr dankbar, genauso wie ich meinem Vater dankbar bin. Die beiden haben viel geopfert, um mich dorthin zu bringen,
wo ich jetzt bin, jeder auf seine Art. Gerade weil die beiden unterschiedliche Charaktere sind, habe ich ein ganzes Spektrum an guten Eigenschaften von ihnen übernommen. Davon profitiere ich heute sehr.

So habe ich von beiden etwa die Leidenschaft übernommen, sich in Dinge hineinzustürzen, teilweise auch
die Obsession, für eine gute Sache zu brennen und für
jedes Problem eine Lösung zu finden. Von meinem Vater

stammt zudem die Disziplin und der eiserne Willen, sich zu quälen. Er ist Perfektionist. Für ihn muss alles funktional begreifbar sein, und das ist glaube ich auch der Grund dafür, dass er mich in gewisser Weise zu seinem Lebensprojekt gemacht hat. Und zwar schon unmittelbar nachdem sich abzeichnete, dass ich mich nicht wie ein normales Kind entwickelte. »Natürlich wollte ich aus dir etwas machen«, sagte er. »Meine Zielvorstellung war, dass du eines Tages einmal selbstständig würdest gehen können.«

Von meiner Mutter kommt eine gute Portion Kreativität und vor allem auch die Lockerheit, die ich mir bei ihr abgeschaut habe. Mama liebt es außerdem, in Gesellschaft zu sein, dort blüht sie auf, und dasselbe wollte sie auch für mich. Das Potpourri an Eigenschaften, die ich von meinen Eltern bekommen habe, ist für mich die perfekte Mischung. Das zeigte sich einmal mehr bei Thema Fahrrad. Während Papa mir das Radfahren erst richtig beibrachte, indem er immer wieder meine Haltung auf dem Rad kontrollierte und korrigierte und mich dazu antrieb, mich zu verbessern, ging es Mama um etwas anderes. Sie sah in meinem Fahrrad ein Instrument der sozialen Integration. Deshalb ermutigte sie mich, nicht nur kurze Übungsstrecken zu fahren, sondern mit dem Fahrrad auch die ganz normalen Wege in die Stadt zurückzulegen. So fuhr ich also bisweilen mit meinem Fahrrad, an dem sich Stützräder befanden und das manchmal bedenklich unter mir schwankte, zur Therapie. Auf dem Heimweg musste ich immer einen recht steilen Berg

hoch. Auch wenn das sehr beschwerlich war, ich empfand es als großartige Herausforderung. Was dazu kam,
und das war das eigentliche Entscheidende aus Sicht
meiner Mutter: Durch diese Fahrten fiel ich in einer
überschaubaren Stadt wie Bamberg auf.

»Ah, da ist der behinderte Junge mit dem Fahrrad wieder«, mögen sich die Passanten gedacht haben. Genau
das wollte Mama bezwecken. Sie begriff meine Strampe-
lei als emanzipatorischen Akt. »Ich habe immer gesagt,
dass du Teil des Stadtbilds werden musst«, meinte meine
Mutter. Indem ich mir also radfahrend den öffentlichen
Raum zu eigen machte, wurde ich Teil der Stadtgesell-
schaft. Ich fuhr einfach raus und integrierte mich, ohne
zu fragen, ob das den anderen recht war.

Normalerweise ist es auch heute noch so, dass Menschen mit Handicap in Deutschland eher weggeschoben
werden. Man transportiert sie in speziellen Bussen, sie
bekommen Plätze in Heimen zugewiesen oder werden
in Behindertenwerkstätten abgestellt. Im Gegensatz zu
einigen anderen Ländern gehören Menschen mit Handicap bei uns immer noch nicht zum Stadtbild. Sie sind
eher die Ausnahme als die Regel. Auch dadurch haben
behinderte Menschen häufig immer noch das Gefühl, nur Bürger zweiter Klasse zu sein und nicht wirklich dazuzugehören. Das wäre erst dann der Fall, wenn
wir wirklich präsent sind. In den Städten, in den Unternehmen, in den Parlamenten. Und in den Köpfen.

Im Rückblick auf meine Fahrradtouren in die Stadt
sagte meine Mutter mal: »Heute stelle ich fest, dass du

wahrgenommen wurdest, es prägte sich bei den Leuten ein, wie du immer den Kaulberg hochgestrampelt bist. Fast warst du Teil des Stadtbilds.« Aber eben nur fast.

Kapitel 16 – Sonderbehandlung

Für uns Kinder war der Wegzug aus unserem gemeinsamen Haus in Königsfeld schwierig. Katharina, meine ältere Schwester, war gar nicht erst mitgekommen. Sie entschied sich, bei meinem Vater zu bleiben, weil sie wenig Lust verspürte, sich an ein neues Umfeld zu gewöhnen. Die Aussicht, sich nun mit unserem Stiefvater auf eine neue Bezugsperson einzustellen, schreckte sie ebenfalls ab. Also blieb sie einfach, wo sie war und wo sie sich wohlfühlte. Es wundert mich nicht, dass Katharina heute als ausgebildete Konzertpianistin und Organistin ihr Geld verdient. Die Vorliebe für Tasteninstrumente hat sie von meinem Vater übernommen. Und so einiges andere auch. An ihm orientierte sie sich.

Für meine Mutter war der Wegzug eine Befreiung. Endlich raus aus der Enge ihrer Beziehung mit meinem Vater. Die bleiernen Jahre in Königsfeld hinter sich lassen, so empfand sie es. Stephan schien für sie zunächst der Gegenpol zu meinem Vater Ernst zu sein, und die ausgesprochene Leichtigkeit, die meine Mutter erfasste, nachdem wir von Königsfeld nach Bamberg gezogen waren, bezog sich auch auf den Umgang ihres neuen Partners mit mir. Stephan hielt nicht allzu viel von Konventionen, er schätzte die Vorzüge des *Laisser-faire* mehr als das strenge Regiment durchgetakteter Trainingspläne. Mit mir und meinen Geschwistern ging er unbeschwert um. Er wirbelte uns herum, nahm uns auf die Schultern und quatschte mit uns über Gott und die Welt.

Stephan motivierte mich auch, die Vierpunktstöcke häufiger zu nutzen. Die hatten wir zwar schon vor einer ganzen Weile angeschafft, sie standen aber weitgehend ungenutzt in der Ecke herum. Nun hielt Stephan mich dazu an, die Treppen ins Obergeschoss unseres neuen Hauses selbstständig hochzusteigen – etwas, das mir sehr schwerfiel. Aber mein Stiefvater zeigte sich sehr geduldig, drängte mich nicht, motivierte mich vielmehr, sprach mir gut zu und machte seine Witze. Mit seiner Hilfe schaffte ich es irgendwann tatsächlich. Ich genoss das.

Die erste Zeit im neuen Haus lief also besser als gedacht. Es war aufregend, und auch mit Stephan verstanden wir uns gut. Seinen Jahresurlaub verbrachte er immer in Frankreich, in einem FKK-Feriencamp. Wir sollten alle mit, meine Geschwister, ich und die vier Kinder aus Stephans vorheriger Ehe. Natürlich waren wir dafür sofort Feuer und Flamme, doch meine Mutter wollte sich lieber um die Einrichtung des neuen Hauses kümmern, denn wir hatten noch keine Möbel, das Haus in Bamberg hatte eine ganze Weile leer gestanden und aus Königsfeld nahmen wir nur wenig Einrichtungsgegenstände mit, da mein Vater und Katharina sie brauchten. Eines Abends sah meine Mutter mich am Treppenaufgang sitzen, ich war betrübt. Sie fragte, was los sei, und ich sagte ihr, dass ich doch so gerne nach Frankreich wollte. Offenbar muss ich dabei so herzerweichend geschaut haben, dass meine Mutter beschloss, doch zu fahren. Dann musste die Einrichtung des Hauses eben warten.

In Frankreich genoss ich die Unbeschwertheit eines vierwöchigen Sommerurlaubs. Ich durfte mit meinem Rollator am Strand laufen, was nicht gerade leicht für mich ist im tiefen Sand, was mir nach einiger Zeit aber gelang. Ein herrliches Gefühl! Das Sandlaufen wurde mein Therapieersatz, denn mein übliches Behandlungsprogramm lag in diesen vier Wochen ja auf Eis. Meinem Vater gefiel das gar nicht. Er sah die Therapieerfolge der vergangenen Monate, wenn nicht sogar Jahre gefährdet und ließ uns das auch wissen. Doch in Frankreich war mal nicht Ernst angesagt, sondern Stephan. Und das bedeutete kein strenges Training.

Zurück in Deutschland holte mich die harte Wirklichkeit ein. Durch den Umzug stand der Wechsel auf eine andere Schule an, an der ich die vierte Klasse absolvieren sollte. Die Schule, die unserem Wohnort am nächsten war, lehnte mich ab. Begründung: Man sei nicht behindertengerecht ausgestattet. Die einzige Schule, die dieses Kriterium erfüllte, war ziemlich weit entfernt, einen Fahrdienst durch die Stadt Bamberg gab es nicht und offenbar auch nicht den Plan, einen solchen einzurichten. Also musste mich meine Mutter jeden Tag zur

Schule bringen und auch wieder abholen. Noch ärgerlicher war aber, dass ich in der neuen Schule für das Fach Werken ins Obergeschoss musste. Weil es aber im Schulgebäude keinen Aufzug gab und sich vom Schulpersonal niemand in der Lage sah, mir in den ersten Stock zu helfen, musste meine Mutter für diese eine Stunde Werkunterricht jedes Mal kommen, um mich in den ersten Stock zu bringen. Ein irrsinniger Aufwand.

Was für ein Unterschied zu der vorherigen Schule in Königsfeld. Dort hatten sich die Lehrer sehr um mich bemüht, hatten mir sogar eine provisorische Rampe gebaut, damit ich selbstständig auf den Pausenhof konnte. Doch auch dort gab es Diskriminierungen. Einmal schubste mich ein Mitschüler mit dem Rollstuhl die Treppe herunter, einfach so, weil er gerade Lust dazu hatte. Ich stürzte kopfüber auf den Beton und kam mit einem abgebrochenen Zahn und ein paar blauen Flecken davon. Ich hatte verdammt viel Glück, dass bei dem Sturz nichts Schlimmeres passiert war. Der Mitschüler kam mit einer Verwarnung davon.

Lenkte mein Vater eher die Geschicke bei den medizinischen Entscheidungen, kümmerte sich meine Mutter wie gesagt um die alltäglichen Anforderungen, um meine schulische Laufbahn, um die Einhaltung meiner Therapietermine und um meine musische Erziehung. Auf ihr Betreiben hin trat ich einem Bamberger Chor bei. Ich lernte Geige und später Horn spielen, auch im Schreiben war ich gut. Das hatte ich meiner ersten Grundschul-Klassenlehrerin zu verdanken. Frau Wieban gewährte mir keine Sonderbehandlung, wenn ich mal wieder versuchte, mich vor den vielen Diktaten und Übungen zu drücken, wenn wir den gleichen Satz wieder und wieder schreiben sollten, bis er wirklich saß. Das war nicht so mein Ding. Ich war ein Schelm und mogelte mich um derartige Aufgaben lieber herum. Wenn Frau Wieban das bemerkte, intervenierte sie gleich. Sie verlangte auch von mir das gleiche Pensum wie von meinen Mitschülern. Das führte dazu, dass ich mich bald auch beim Schreiben auf einem recht ansprechenden Niveau bewegen konnte. Meine Mutter freute das besonders, trieb sie doch die Angst um, dass ich später als Erwachsener wichtige Dokumente nicht selbstständig würde ausfüllen können, sprich dass ich nicht geschäftsfähig wäre. Diese Sorge erwies sich jedoch als unbegründet.

Überhaupt entwickelte ich mich erstaunlich positiv. Das zeigten auch die ganzen Tests, zu denen die Ärzte mich seit meiner Geburt regelmäßig baten. *Snijders Oomen* etwa, ein nicht-verbaler Intelligenztest, der *Hannover-Wechsler-Test* für das Vorschulalter oder auch die *Kaufmann-Assessment Battery for Children*, um nur ein paar der Prozeduren zur Feststellung meines IQ zu nennen. Bei den intellektuellen Fähigkeiten schnitt ich im Durchschnitt meiner Altersklasse ab, bei den motorischen Fähigkeiten lag ich weit darunter, was angesichts meiner ausgeprägten Spastik aber niemanden wirklich wunderte. Geistig war ich Gymnasium, körperlich wohl eher Förderschule.

Meine Mutter war bestrebt, mich auf eine Regelschule zu schicken, um zu vermeiden, dass ich auf eine Förderschule kam, denn das bedeutet mehr Verwahrtwerden als schulische Fortbildung und meine kognitiven Leistungen gaben keinen Grund zu der Annahme, nicht für eine normale Schule geeignet zu sein. Als es endlich so weit war, die Grundschule hatte ich hinter mich gebracht, wechselte ich tatsächlich auf ein Bamberger Gymnasium. Inzwischen hatte die Stadt Bamberg sogar einen Fahrdienst eingerichtet. Die Leitung des Gymnasiums hatte zunächst keine Bedenken, mich aufzunehmen, und die dortige Klassenlehrerin kümmerte sich liebevoll um mich. Sie hieß Frau Cibis und sie tat alles, um mir den Schulalltag zu erleichtern. Frau Cibis organisierte sogar einen speziellen *Johannes-Dienst.* Das hieß, meine Klassenkameraden wurden reihum dazu verpflichtet, mir bei den üblichen schulischen Tätigkeiten, also etwa beim Gang zur Tafel oder beim Tragen des Ranzens, zu helfen.

Für die damalige Zeit war das ein seltenes Zeugnis schulischer Integration. Unkompliziert, unbürokratisch und effektiv. Mal abgesehen von den positiven sozialen Erlebnissen und Kompetenzen, die dadurch alle Beteiligten gelernt haben. Und es bedeutete für meine Mutter und auch für mich eine Riesenerleichterung. Die Klassenlehrerin hatte sich sogar die Mühe gemacht, uns zu Hause zu besuchen und sich mein familiäres Umfeld anzuschauen. Frau Cibis war eine großartige Pädagogin, die das Herz am rechten Fleck hatte und über

den Tellerrand schaute. Ich blühte auf, die Schule machte mir Spaß, ich hatte bereits einige Freunde gefunden
und das erste Schuljahr erfolgreich abgeschlossen. Doch
dann kam der Schock.

Eines Tages erhielt meine Mutter einen Anruf von der
Schuldirektion mit der Bitte um sofortiges Erscheinen –
und zwar ohne Kinder. Vor Ort eröffnete man ihr, dass
es eine Beschwerde seitens einiger Eltern gebe, wonach
der von Frau Cibis eingeführte *Johannes-Dienst* die Mitschüler vom Lernen abhalte und sie daran hindere, sich
adäquat zu entwickeln. Komischerweise beschwerten
sich vor allem die Eltern jener Mitschüler, die nicht gerade zu den fleißigsten zählten. Und die Argumenta-
tion, die gegen den *Johannes-Dienst* ins Feld geführt
wurde, war ohnehin einigermaßen absurd. Denn der
Zeitaufwand, den es bedeutete, mir an die Tafel zu helfen oder meinen Ranzen zu tragen, fiel im Vergleich mit
der Zeit, die der ein oder andere Mitschüler darauf ver-
wendete, allen möglichen Nonsens zu machen, äußerst
bescheiden aus. Es ging wie so häufig in solchen Fällen
ums Prinzip. Hier war etwas Neues eingeführt worden,
zumal auch noch von einer einzelnen Lehrkraft, und das
wurde nun kritisch beäugt und hinterfragt. Im Ergebnis
haben sich manche Eltern wohl darauf geeinigt, mich als
Störfaktor zu betrachten.

Mama verstand die Welt nicht mehr, zumal die betreffenden Eltern erst wenige Wochen zuvor noch ein
vertrauliches Gespräch mit ihr gesucht und sich bei
einem Schulfest nach meinem Wohlbefinden erkundigt

hatten. Meine Mutter hatte bei dieser Gelegenheit versichert, dass sie mich zu größtmöglicher Eigenständigkeit erziehe, ohne zu wissen, worum es bei dem Gespräch eigentlich wirklich ging. Jedenfalls beschlich meine Mutter nach dieser Unterhaltung ein seltsames Gefühl.

Worum es wirklich ging, machte ihr kurze Zeit später die Schuldirektion klar. Sie forderte zu unserer Überraschung nämlich ein Attest, mit dem ich meine Tauglichkeit für die Regelschule nachweisen sollte. Eine bürokratische Schikane, denn das Attest lag längst vor, sonst hätte ich dort gar nicht eingeschult werden können. Zudem hatte ich meine Tauglichkeit im laufenden Schuljahr bereits nachgewiesen. Ich war gut integriert und meine schulischen Leistungen boten keinen Anlass, an meiner Versetzung zu zweifeln.

Ganz offensichtlich hatten es aber ein paar besonders hartnäckige Skeptiker unter den Eltern geschafft, mich als Belastung für ihre nicht-behinderten Kinder auszumachen. Dass es sich bei Frau Cibis' Idee um ein Lehrbeispiel gelebter Solidarität und Inklusion handelte, von dem nicht nur ich, sondern auch die anderen profitierten, wollten oder konnten sie nicht erkennen. Die Diskriminierungs-Kampagne gegen mich nahm Fahrt auf. So hatte ein Vertreter der Elternschaft nach dem Gespräch mit meiner Mutter sogar eine Unterschriftenaktion unter den anderen Eltern gestartet, um auszuloten, wie groß der Rückhalt für meine weitere Duldung in der Klasse war. Das Ergebnis fiel eindeutig gegen mich aus. Angeblich gab es keinen Rückhalt für mich im Klassenverband. Es war der Höhepunkt der Anti-Johannes-Kampagne und der Gipfel der Scheinheiligkeit.

Allerdings hatte die Elternschaft die Rechnung ohne meine Mutter gemacht. Die war nicht bereit, einfach so klein beizugeben. Sie beantragte beim Medizinischen Dienst der Krankenkassen eine dauerhafte Begleitperson für meinen Schulalltag. Das war, wie immer, alles andere als einfach, denn die behördlichen Mühlen mahlten auch in dieser Sache sehr langsam. Zudem hatte meine Mutter inzwischen mit Christian, der im Jahr 2000 geboren worden war, ihr erstes gemeinsames Kind mit Stephan bekommen. Neben den anderen drei Kindern von meinem Vater Ernst, den vier Kindern aus Stephans vorheriger Ehe (die ja auch immer noch mindestens einmal in der Woche zu Besuch kamen) und der Auseinandersetzung mit der Schule, die ihr immer neue Bedingungen für meinen Verbleib stellte, schaffte sie es aber dennoch mit einiger Beharrlichkeit, die Krankenkasse und den Medizinischen Dienst von der Notwendigkeit eines Zivildienstleistenden zu überzeugen. Der Zivi half mir fortan bei den ganzen »Unzumutbarkeiten«, wegen denen die Elternschaft den Aufstand gegen mich geprobt hatte. Tafeldienst, Ranzen schleppen, zur Toilette gehen.

Der Nachteil an dem Zivi war offensichtlich: Nun stand immer jemand zwischen mir und den anderen Schülern. Außerdem wechselten die Zivis ständig. Die enge

Beziehung zu den Klassenkameraden, die ich zu Anfang aufgebaut hatte, riss dadurch ab. Zu allem Überfluss nahm mir der Zivi nun auch Dinge ab, die ich eigentlich selbst hätte erledigen können. Ich wurde bequem. Ein Teil meiner Selbstständigkeit kam mir abhanden. Mama erkannte das Problem und wies die Zivis an, mich nur, wenn es absolut notwendig war, zu unterstützen. Dennoch nahm meine soziale Isolation in der Schule dramatisch zu. Ich hatte kaum noch Kontakt zu den Gleichaltrigen. Rückblickend eine für mich sehr schmerzhafte Entwicklung.

Das Beispiel mit dem Zivildienstleistenden zeigt sehr gut, dass die Grenze zwischen Fördern und Fordern auch im Kontext von Behinderung schmal ist. Es ist gut, dass es Helfer für mich gibt. Ich bin tagtäglich auf sie angewiesen und freue mich darüber, dass sich so viele junge Leute sozial engagieren. Ohne meine Helfer wäre der Alltag für mich nicht zu bewältigen oder nur sehr schwer. Andererseits wäre es manchmal auch nicht schlecht, wenn wir Menschen mit Handicap mehr zutrauten, wenn wir ihnen mehr Eigenverantwortung zumuten würden. Wir sollten Behinderte fördern, wir müssen sie aber auch mehr fordern.

Meine Mutter hatte ohnehin eine natürliche Aversion gegen eine Vorzugsbehandlung. Sie achtete penibel darauf, dass mit mir genauso umgegangen wurde, wie mit allen anderen Kindern. Einmal kam sie spätabends von einem Termin nach Hause und fand den Esstisch im Wohnzimmer in einem totalen Chaos vor. Wir sechs Kinder waren nach dem gemeinsamen Abendbrot einfach aufgestanden, hatten alles stehen und liegen gelassen und waren ins Bett gegangen.

Mama schritt zur Tat. Sie weckte alle Kinder und forderte sie auf, das Esszimmer aufzuräumen, und zwar *pronto*. Auch mich weckte sie, wohl wissend, dass ich es aufgrund meines Handicaps niemals rechtzeitig ins Esszimmer schaffen würde. Ich stand also auf, pellte mich wieder in die Klamotten und hatte es gerade bis zum Treppenansatz geschafft, als die anderen schon vom Aufräumen zurückkamen und sich wieder hinlegten. Die Sache war erledigt. Der erzieherische Effekt der Aktion war aber natürlich auch bei mir angekommen. Und darauf hatte sie es ja abgesehen.

Unter allen Umständen wollte meine Mutter vermeiden, dass ich in unserer bunten Patchwork-Familie einen »Behinderten-Bonus« bekäme, wie sie sich ausdrückte. Bei ihr hatte ich die gleichen Rechte und Pflichten wie meine Geschwister auch. »Gleich von vornherein zu sagen, das brauchst du gar nicht probieren, das ist nicht meine Devise«, sagte meine Mutter.

Das war auch die Devise von Lehrkräften wie Frau Cibis oder auch meines Musiklehrers, Herrn Eichler, der mich einfach in den ersten Stock trug, statt dafür meine Mutter kommen zu lassen. Meine Mutter lobte immer wieder den »legeren, unbefangenen, ungenierten, unkomplizierten, unspießigen Umgang« dieser Lehrer mit mir. Sie gaben mir nie das Gefühl, dass mein Handicap ein Hindernis ist. Stattdessen förderten sie mich, forderten mich aber auch dazu auf, stärker mitzuwirken. Mit dieser weitsichtigen Haltung lebten diese beiden Pädagogen uns schon Inklusion vor, als der Begriff überhaupt noch nicht ins Bewusstsein der Gesellschaft vorgedrungen war. Sie waren ihrer Zeit weit voraus.

Das konnte man von der Leitung eines Bamberger Chors nicht gerade behaupten. Dort war ich wie erwähnt auch seit einiger Zeit Mitglied, sang mit großer Begeisterung in der Gruppe und freute mich an den Chorälen, Requien und Messen, die wir einstudierten. Mir machte das großen Spaß. Doch auch hier wurde meine Integration mal wieder getrübt. Wenn es nämlich darum ging, dass mir jemand zur Toilette half oder ich anderweitig Unterstützung benötigte, verbat sich die Chorleitung eigentlich jede Hilfe vonseiten meiner Mitsingenden. Ich solle doch eine Begleitperson mitbringen – so lautete oftmals die Bitte. Ich war nun also gezwungen, stets jemanden zu finden, der mir half und der mich auch auf der einwöchigen Jahresabschlussfahrt begleitete. Die Fahrt war jedes Jahr das Highlight der Choraktivitäten und wir Kinder freuten uns tierisch darauf. Zuerst boten sich einige aus dem Chor selbst an, mir zu helfen, doch das erlaubte die Chorleitung nicht, da es angeblich die Gemeinschaft störe.

Für meine Eltern bedeutete das eine weitere finanzielle Belastung, sie mussten schon die Fahrtkosten für mich übernehmen und nun sollten sie noch jedes Mal eine Begleitperson finanzieren. Ohnehin entstanden durch meine Betreuung häufig doppelte Kosten, und dann gab

es ja auch noch drei andere Kinder, denen sie die Schul-
und Vereinsfahrten finanzieren mussten.

Mama hatten die ganzen Kämpfe, die bürokratischen
Kleinkriege und die emotionale Kälte, die ihr meinetwe-
gen über die Jahre entgegenschlugen, innerlich frustriert
und aufgerieben. Immer, wenn ein Problem gerade aus-
gestanden schien, tauchte schon das nächste auf. Denn
so sehr Stephan zu Beginn wie eine Befreiung auf meine
Mutter gewirkt hatte, so sehr irritierte sie sein Verhalten
mit zunehmender Dauer der Beziehung. Die beiden hatten inzwischen geheiratet, nach der Geburt Christians
war außerdem das zweite gemeinsame Kind unterwegs,
Alexander. Aber weder verstanden wir uns mit den Kindern aus Stephans vorheriger Ehe besonders gut, noch
zeigte Stephan gesteigertes Interesse an meinen Therapien. Obwohl er mich anfangs so überschwänglich in
der Familie aufgenommen und mir das Gefühl gegeben
hatte, eine echte Bezugsperson für mich werden zu können. Doch dieses Gefühl stellte sich immer seltener ein.
Etwas hatte sich verändert.

Kapitel 17 – David Copperfield

Das Verhältnis zwischen Stephan und meiner Mutter war etwas abgekühlt. Der Zauber der ersten Jahre, das Prickeln der außerehelichen Affäre, war weniger geworden. Inzwischen lief ihr wildes Leben innerhalb festerer Bahnen ab. Heirat, Kinder, gemeinsames Haus. Meine Mutter beschlich das Gefühl, von ihrem neuen Mann allein gelassen zu werden, vor allem, wenn es um mich ging. Dabei war es gerade sein ungezwungener Umgang mit mir, der auf sie wie eine Befreiung gewirkt hatte. Stephans Devise war: *Weniger ist mehr.* Bei ihm gab es keine Therapieexzesse, keine ständigen Ermahnungen, ich solle mich gerade machen, kein Disziplinfanatismus. Er verkörperte damit das Gegenteil meines leiblichen Vaters. Doch nun offenbarte diese saloppe Haltung ihre Kehrseite. Das *weniger ist mehr* fühlte sich an, als wäre es zu einem *gar nichts mehr* geworden. Stephan hielt sich weitgehend aus allen mich betreffenden Fragen heraus und überließ sie meiner Mutter. Und die Aufgaben, die auf sie zukamen, türmten sich.

Zwar kümmerte er sich nach wie vor darum, mich in den Alltag einzubinden, so frickelten wir etwa gemeinsam an seinen Autos oder machten uns an

Renovierungsarbeiten im Haus. In dieser Hinsicht lernte ich viel von ihm. Wir teilten auch gemeinsame Interessen, so liebte ich es, mit Stephan die Rennen der Formel 1 anzuschauen, dabei konnten wir stundenlang vor dem Fernseher sitzen und fachsimpeln. Auch waren wir beide Spätesser, wenn die anderen aus der Familie ihr Abendessen längst eingenommen hatten, setzten wir uns spätabends erst an den Küchentisch und schlugen uns den Bauch voll. Was meine körperliche Gesundheit anging, hielt sich sein Engagement aber in Grenzen, wenn es etwa darum ging, die Therapien für mich zu organisieren, meine Betreuung sicherzustellen und die weiteren Behandlungsschritte in die Wege zu leiten. Es kam nicht selten vor, dass ich bei Eiseskälte mit dem Rad zur Physiotherapie musste, obwohl Stephan mehrere teure Autos in der Garage stehen hatte. Er pflegte ein Faible für Oldtimer. Mit denen ließ er auch meine Mutter nur sehr ungerne fahren. Mich störte es nicht groß, trug die zusätzliche Bewegung doch dazu bei, dass ich körperlich fit blieb. Ein wenig makaber war die Sache aber dennoch.

Der erste richtige Einschnitt für meine Mutter kam schon im Jahr 2000. Sie war gerade mit Christian schwanger. Die wichtigste Untersuchung des Jahres stand an, dafür musste meine Mutter mit mir eine mehrstündige Fahrt in die Orthopädische Klinik nach Aschau im Chiemgau auf sich nehmen. Diesen Termin wollte sie nicht allein wahrnehmen. »Ich war selbstverständlich davon ausgegangen, dass Stephan mit mir dahinfährt«, erzählt meine Mutter heute. So wie sie es von Ernst, meinem leiblichen Vater, gewohnt war. Doch Stephan winkte ab. Er habe zu viel zu tun, sagte er, müsse sich für den Aschau-Besuch extra einen Tag Urlaub nehmen. Und dazu war er nicht bereit.

Für meine Mutter, so sagt sie heute, war das ein einschneidendes Erlebnis. Ihr blieb nichts anderes übrig, als meinem Vater die Verantwortung für den Besuch in Aschau zurückzugeben – und damit auch die Entscheidungsgewalt über meine Behandlungen. »Ich hatte das Gefühl, aufgegeben zu haben, es war wie eine Demütigung.« Meine Mutter empfand die Situation als eine schwere Niederlage: im Stich gelassen vom neuen Mann, abhängig vom Ex-Mann. »Da wurde mir klar, in welcher Position ich bin.« Und zwar in keiner guten. Sie beschlich die Erkenntnis, dass sie sich von einer toxischen Beziehung in die nächste gerettet hatte.

In jenen Jahren spulte meine Mutter ein Hardcore-Programm ab. Neben ihrer Rolle als Mutter (sie versorgte sechs Kinder, davon ein Baby), der Betreuung ihres behinderten Sohnes und der Organisation des Haushalts, ließ sie es sich nicht nehmen, ihrem Beruf als freischaffende Künstlerin nachzugehen. Nachts, wenn die Kinder alle im Bett lagen, ging sie in den Keller und arbeitete an Bühnenbildern für die Theater in der Region. Diese stellte sie fertig und brachte sie frühmorgens zu ihrem Auftraggeber, dann kümmerte sie sich darum, dass die Kinder wieder in die Schule kamen. Als ob nichts gewesen wäre. Bis heute weiß ich nicht, wie sie das alles schaffte. Doch auf Dauer war dieser Lebensstil auch für sie nicht durchzuhalten.

Je mehr sich ihr neuer Partner von den häuslichen Pflichten zurückzog, desto mehr fiel meiner Mutter auf, wie viel der familiären Verantwortung – insbesondere für mich – mein leiblicher Vater früher übernommen hatte. Auch wenn sie Ernst häufig als »Bedenkenträger« wahrnahm, sich von ihm bisweilen ausgeschlossen fühlte, weil er sie nicht mit zu ärztlichen Terminen nahm, bei denen es um meine Fortschritte ging, oder sein Spezialwissen in Sachen Handicap nur spärlich mit ihr teilte, so sehr musste sie nun doch feststellen, dass das zunehmende Desinteresse Stephans an dem Thema vor allem eines bedeutete: Es blieb alles an ihr hängen. Was früher zumindest teilweise aufgeteilt worden war, wurde nun allein zu ihrer Aufgabe. Anmerken ließ sie sich das zunächst nicht. Wie es an manchen Tagen wirklich in ihr aussah, beschrieb sie Jahre später so: »Mir wurde regelrecht das Blut aus meinen Adern gesaugt und ich musste um der Kinder willen durchhalten.«

Mein Vater kam der Bitte, mit mir nach Aschau zur Untersuchung zu fahren, natürlich nach. Ich glaube, er war sogar ganz froh, dass er nun wieder in meine therapeutische Entwicklung aktiv eingebunden war, dementsprechend nahm er seine alte Rolle wieder ein und kümmerte sich wie immer aufopferungsvoll um meine Genesung. Das führte dazu, dass die ehemals klare Trennung in den Zuständigkeiten zwischen den beiden Familien – auf der einen Seite Mama mit Stephan und den Kindern, auf der anderen Seite Papa und Katharina, die mittlerweile auch wieder zu uns nach Bamberg gezogen war – sich nun wieder vermischten. Papa war nun häufiger bei uns in Bamberg zu Besuch, um meine Behandlungen sicherzustellen.

So hatten sich die Einflusssphären innerhalb unserer Patchworkfamilie zugunsten meines leiblichen Vaters verschoben. Jeden Samstag kam er zu uns ins Haus, um mit mir ein intensives Trainingsprogramm zu absolvieren. Dadurch wurde er erneut zur dominanten Bezugsperson in jener Zeit. Er hätte diesen kleinen Triumph auskosten können, doch er tat es nicht. Dennoch gab er Mama nicht das Gefühl, in irgendeiner Weise zu frohlocken, das war zumindest meine Wahrnehmung. Triumphgeheul war seine Sache nicht, zumal es dafür auch gar keinen Anlass gab. Ich kann mich auch nicht daran erinnern, dass Papa in unserer Gegenwart jemals schlecht über Stephan gesprochen hätte, auch das rechne ich ihm hoch an, denn immerhin war Stephan unser Stiefvater und ebenfalls eine wichtige Bezugsperson für uns.

Uns Kindern gegenüber trug mein Vater die familiären Turbulenzen stets mit bewundernswerter Fassung. Er akzeptierte den Lauf der Dinge, auch wenn ihm das schwerfiel. Wenn wir Kinder in Gegenwart unseres Vaters einmal schlecht über Stephan oder Mama sprachen, uns über die Vorgänge im neuen Haus beschwerten, machte Papa uns klar, dass er das nicht zulässt. Es wurde nicht schlecht über andere gesprochen. Er war bemüht, jegliche Kritik an den neuen Familienverhältnissen zu zer-

Unter Siegern. Beim Club der Besten hielt ich eine Rede vor einem besonderen Publikum. In einem Hotel in Spanien waren zahlreiche Spitzensportler, Weltmeister und Olympiasieger zusammengekommen. Vor dem Aufritt hatte ich enormes Lampenfieber (2021).

Laufen, Klettern, Kriechen. Beim Mud Masters nahm ich an einem der härtesten Hindernisläufe der Welt teil (2020). Es war nass, es war kalt und es war verdammt anstrengend. Am Ende schaffte ich es aber ins Ziel.

Bei den Mud Masters in Holland erlebte ich etwas, das ich in Deutschland in der Art eher selten erlebe: Die wenigen Teilnehmer mit Behinderung wurden vom Publikum genauso angefeuert und gefeiert wie die anderen Sportler. Ein schönes Gefühl der Wertschätzung.

In der Kletterwand mit meinem Helfer Paul (2022). In der Kletterfabrik in Köln bereitete ich mich mehr als drei Jahre lang auf meine große Mission vor: die Besteigung des Zuckerhuts in Rio de Janeiro.

Surfen an der französischen Atlantikküste (2019). Es war das Projekt, das am allerwenigsten danach aussah, als könnte ich es schaffen. Mit vereinten Kräften und viel Bastelarbeit schlug ich mich bei den ADH Open aber erstaunlich gut.

Skate or die. Mit meinen drei Helfern baute ich ein auf meine Bedürfnisse zugeschnittenes Skateboard. Mit diesem Prototyp rollte ich durch die Straßen. Es war eine fantastische Erfahrung und nebenbei eine gute Schulung für meinen Gleichgewichtssinn (2018).

Im freien Fall. In einer äußerst schwierigen Phase meines Lebens wagte ich den Sprung vom 7,5-Meter-Turm in der Schwimmhalle der Deutschen Sporthochschule in Köln. Vom Turm zu springen war ein großartiges Gefühl. Später stellte sich heraus, dass ich damit sogar einen Weltrekord aufgestellt hatte (2017).

Cool Runnings. Vor unserem Haus in Königsfeld fuhren wir im Winter immer Schlitten (1993). Meine Mutter und ich bildeten dabei ein Dream Team. Ihr Motto lautete: »Der Spaß darf nicht zu kurz kommen.«

Als junger Dressman auf dem Dreirad (1992). Schon als ich klein war, zog meine Mutter mir immer die passenden Klamotten an. Die Vorliebe für knallige Farben habe ich heute noch. Und das Fahrradfahren wurde zu einer meiner großen Leidenschaften.

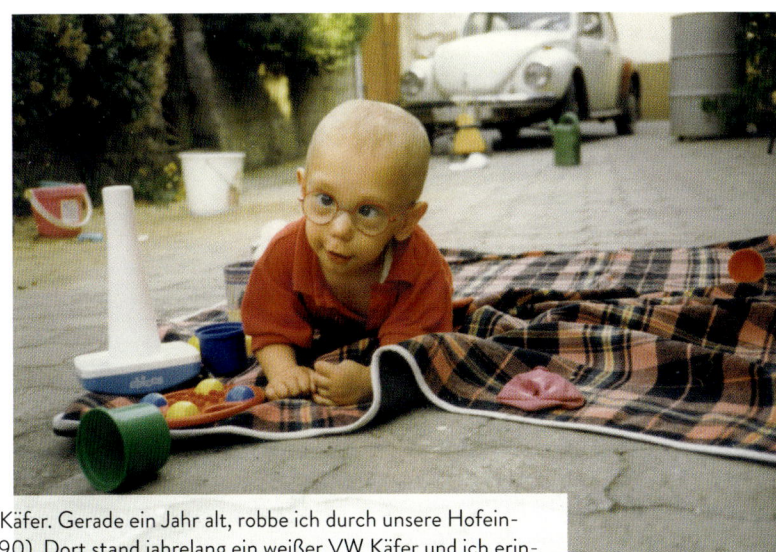

Krabbel-Käfer. Gerade ein Jahr alt, robbe ich durch unsere Hofeinfahrt (1990). Dort stand jahrelang ein weißer VW Käfer und ich erinnere mich noch genau an die weinroten Ledersitze des Wagens. Leider war der Käfer nicht fahrtüchtig und hätte repariert werden müssen. Zu unserem Bedauern ließ mein Vater das Auto irgendwann verschrotten.

Samstag war Badetag. Ich liebte die wöchentlichen Schaumbäder. Wenn Mama und Papa nicht hinschauten, schüttete ich immer noch etwas mehr Shampoo ins Wasser. Mir konnte der Schaumberg gar nicht hoch genug sein. Ich war halt schon immer ein Schlitzohr (1996).

Als Weltenbummler fuhr ich 1995 mit dem Fahrrad durch Paris. Wir waren nicht nur zum Vergnügen dort. Es ging bei dem Besuch in der französischen Hauptstadt vor allem darum, meine Beweglichkeit zu verbessern. Nebenbei erkundete ich die Welt und lernte eine neue Sprache kennen.

Mozart für Anfänger. Mit der Hilfe obertonreicher Musik lernte ich im Tomatis-Zentrum in Paris eine weitere Therapieform kennen. Es war nur eine von dutzenden Therapien, die ich in meinem Leben durchlief. Aber sicher eine der ungewöhnlichsten.

Eine schrecklich nette Familie. Mein Vater Ernst (oben, l.), meine Mutter Barbara (unten, l.), meine Schwester Katharina (2.v.r.), mein Bruder Florian (r.) und ich (2.v.l.) bei einem gemeinsamen Ausflug im Jahr 1995. Die Risse zwischen meinen Eltern waren zu jener Zeit schon zu spüren.

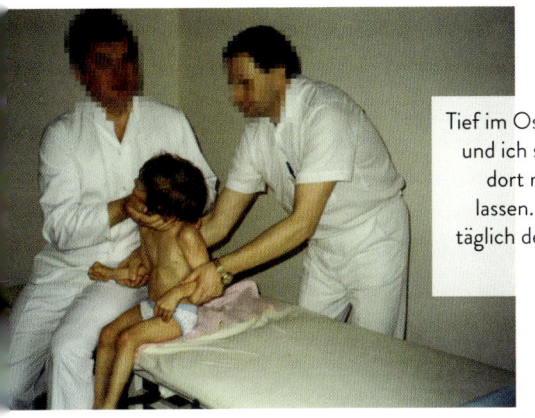

Tief im Osten. Insgesamt fuhren mein Vater und ich siebenmal in die Ukraine, um mich dort manualtherapeutisch behandeln zu lassen. Das hieß unter anderem, dass mir täglich der Kopf verdreht wurde, um meine Beweglichkeit zu fördern (1994).

Bienenstich zum Frühstück. Einer besonders unangenehmen Therapie musste ich mich im Sanatorium in der Ukraine unterziehen. Schon am Vormittag wurden mir Bienen auf die Haut gesetzt, die mich dann stachen. Dadurch sollte meine Muskelaktivität stimuliert werden.

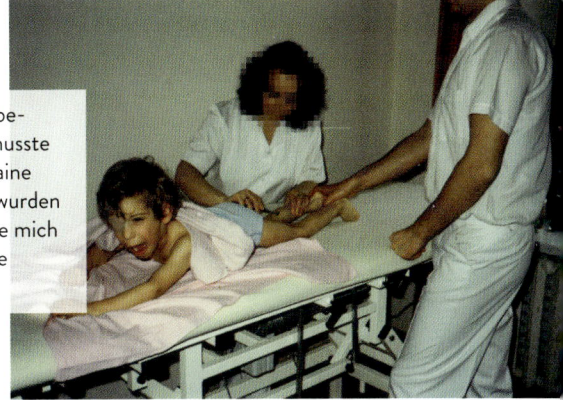

Hardcore Workout. Jeden Samstag wurde ich am Giger MD beübt (2007). Das Spezialgerät einer Schweizer Firma sorgte dafür, dass ich so fit wurde wie noch nie in meinem Leben. Jede Trainingseinheit dauerte bis zu fünfeinhalb Stunden. Danach ging ich noch eine Stunde auf das Laufband.

In den Widerstand. Bei meinem täglichen Training sorgen zwei Helfer dafür, dass ich Kniebeugen an der Wand machen kann (2022). Mit Spanngurten ziehen sie meinen Körper in eine gerade Position, sodass ich die Übung effektiv und gegen die Spastik durchführen kann.

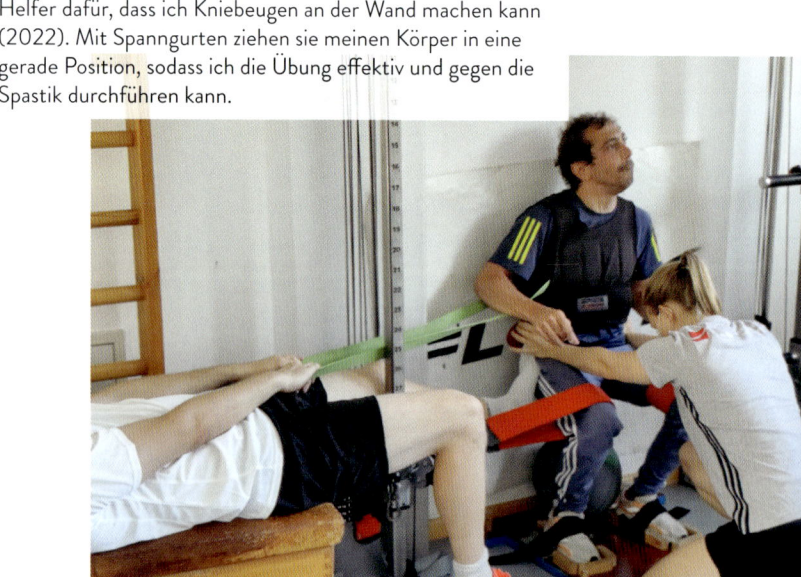

streuen, obwohl er selbst natürlich unter ihnen litt. Für ihn machte es keinen Sinn, auf diesem Schauplatz Kraft zu vergeuden, es entsprach auch nicht seinem christlich geprägten Wesen. Lieber konzentrierte er sich auf das, was nun vermeintlich anstand: meine Operation.

Die Ärzte drängten seit Jahren auf eine sogenannte Adduktorentenotomie, um die Fehlstellung meiner Beine zu beheben. Unter anderem sollten mir die Adduktoren teilweise durchtrennt, die Kniebeugesehnen und wohl auch die Achillessehnen durchtrennt und verlängert werden. Man wollte mich untenrum also einmal durchschnippeln und wieder neu zusammensetzen. Die OP klang wie eine Nummer aus dem Kuriositätenkabinett eines David Copperfield: die zersägte Jungfrau. Nur dass es dieses Mal der zersägte Johannes sein würde.

Für mich hätte der Eingriff eine enorme physische und psychische Belastung bedeutet, und die Frage war, ob das Ganze überhaupt jetzt schon Sinn machte, wo mich doch in der Pubertät ohnehin Wachstumsschübe erwarteten, die meinen Körper noch einmal dramatisch verändern konnten. Die Ärzte warnten meine Eltern jedoch eindringlich, dass es bei noch längerem Abwarten zu spät sein könne. »Johannes wird seine Gehfähigkeit verlieren, wenn nicht operiert wird«, sagte der Orthopäde zu meinem Vater.

Da standen meine Eltern nun. Geschieden, voneinander entfremdet und vor einer Entscheidung, die für mich und mein Leben alles ändern konnte. Ich hätte nicht mit ihnen tauschen wollen.

Seit geraumer Zeit hing die Operation wie ein Damoklesschwert über mir und meinen Eltern, denn sie hatten darüber zu entscheiden, ob ich mich dem Eingriff unterziehen würde oder nicht. Ich war nicht volljährig, und auch wenn ich die Schwere der Operation verstand, mir über deren Konsequenzen vollkommen bewusst war, so waren es doch meine Mutter und vor allem mein Vater, die das letzte Wort hatten. Um genau zu sein: mein Vater. Denn er reklamierte die medizinische Expertise für sich. Im Laufe der vergangenen Jahre hatte er mit etlichen Fachleuten gesprochen, hatte sich vielfach Rat geholt. Er glaubte zu wissen, was das Beste für mich ist.

Erstmals 1996 teilten uns die Ärzte mit, dass eine Weichteiloperation eine ernstzunehmende Option in meinem Fall sei. Mein Vater erbat sich Bedenkzeit. Noch war nicht klar abzusehen, wohin ich mich entwickeln würde. Wenn ich auch zu diesem Zeitpunkt bereits mein volles Gewicht beim Gehen tragen konnte, so war die Balance doch unzureichend. Die durch die Spastik bedingte Fehlstellung meiner Beine, beginnend mit den Hüften, trübten ohnehin die Aussichten darauf, dass ich jemals frei würde gehen können. Und das war ja das Ziel, das mein Vater sich gesetzt hatte. Er ahnte wohl, dass die nun im Raum stehende OP über kurz oder lang unvermeidlich sein würde. Trotzdem wollte er erst alle anderen Möglichkeiten ausschöpfen, und so fuhren wir zu weiteren manualtherapeutischen Behandlungen in die Ukraine. Im Jahr 1999 zeigten die ambulanten Kontrolltermine in der Orthopädie Aschau dann tatsächlich leichte Verbesserungen meiner Hüftüberdachungen. Einen in der Zwischenzeit bereits anberaumten OP-Termin für mich sagten meine Eltern daraufhin wieder ab.

Der Hoffnungsschimmer währte jedoch nur kurz. Denn schon im Jahr darauf machten die Ärzte unmissverständlich klar, dass ich bei einer weiter ausbleibenden OP meine Gehfähigkeit vollständig verlieren würde. Mit konservativen Maßnahmen, so die Einschätzung, sei die Verschlechterung meiner motorischen Fähigkeiten nicht mehr aufzuhalten, ein Eingriff daher unvermeidlich. Geraten wurde zu einer »Adduktorentenotomie beidseits«, also die Durchtrennung all jener Sehnen, mit denen die Hüft- und Beinmuskeln an Ober- und Unterschenkelknochen befestigt sind. Darüber hinaus sollte auch gleich eine Kniesehnenverlängerung vorgenommen und eventuell auch noch die Füße operiert werden. Letzteres würde man dann während der Operation entscheiden, so der Arzt.

Tatsächlich zeigten die therapeutischen Behandlungen, denen ich mich in jener Zeit unterzog, immer weniger positive Effekte, sodass auch mein Vater das Gefühl hatte, ich würde im Rahmen von Physiotherapie und Co. keine signifikanten Fortschritte mehr erzielen. Mein Laufen, so seine Einschätzung, wurde angstbesetzter und auch die Ergotherapeuten befanden, ich hätte größere Probleme, meinen Körper adäquat wahrzunehmen. Eine weitere Option kam ins Spiel: die Behandlung mit dem Nervengift Botox. Davon rieten die

Orthopäden jedoch ab, da es die Gefahr einer fortschreitenden Verkümmerung meiner bereits verkürzten Sehnen barg. Eigentlich stand jetzt fest, dass es keine Alternative mehr zu der OP gab. Ohne die Operation war eine Verschlechterung meines Zustandes so gut wie sicher. Es wäre dann nur noch die Frage gewesen, wie schlecht es wirklich werden würde. Die Uhr tickte.

Eine solche »Mehretagenoperation«, wie die Ärzte sie nennen, findet normalerweise im Alter zwischen sechs und zehn Jahren statt. Ich war inzwischen aber schon im elften Jahr. Bei Erwachsenen wurde die OP nur in absoluten Ausnahmefällen durchgeführt, da sie im fortgeschrittenen Alter mit noch mehr Komplikationen verbunden war. Ich hatte verständlicherweise auf all das, die ganzen Diskussionen, die Risikoabwägungen und vor allem die Operation selbst keinen Bock. Das teilte ich meinen Eltern auch unmissverständlich mit, insbesondere meinem Vater.

Im Laufe des Jahres 2001 entschieden sich meine Eltern dennoch dazu, den Eingriff vornehmen zu lassen – und zwar in Heidelberg, dem Ort, an dem sie das zweite ärztliche Gutachten eingeholt hatten. Es würde also die radikale Variante werden, bei der gleich auch noch die Sehnen durchgeschnitten und verlängert wurden. So hatte es mein Vater entschieden. »Dieser Schritt ist mir nicht leichtgefallen«, sagte er. »Ich wusste, es würde äußerst brutal für dich werden.«

Kapitel 18 – Rosenmontag

Die Operation war beschlossen. Mein Vater wollte alles möglichst schnell über die Bühne bringen, stieß bei seinen Vorbereitungen aber auf zahlreiche Widerstände, nicht nur was den exorbitanten Verwaltungsaufwand betraf, der im Vorfeld zu erledigen war, sondern auch aus der eigenen Familie. Überflüssig zu erwähnen, dass hier die Krankenkasse mal wieder einen bürokratischen Hindernisparcours vorgeschaltet hatte. Den galt es erst einmal zu bestehen. Nichts konnte einfach so geschehen, nichts durfte einfach so beschlossen werden. Immer musste die Zustimmung etlicher Instanzen eingeholt werden. Alles musste im Einklang mit den zahllosen Paragrafen stehen, die meine Behinderung, und damit mich selbst, zu einem fortdauernden Prüffall machten. Das Gesundheitssystem präsentierte mal wieder sein missmutiges Gesicht.

Zu allem Überfluss bestand mein Gymnasium darauf, dass ich zur zweiten Hälfte des Jahres 2002 am Schulunterricht würde teilnehmen müssen, da in diesem Jahr die zweite Fremdsprache eingeführt wurde. Da halfen auch alles Buhlen und Barmen meiner Eltern in Richtung Schulleitung nichts – man bestand im Gymnasium auf Anwesenheit. Nun war ich zwar weder auf die Operation scharf, noch frohlockte ich in besonderer Weise bei der Aussicht auf den bevorstehenden Lateinunterricht. Doch es blieb nichts anderes, als dem Ultimatum der Schule nachzukommen und mit der OP weiter abzuwarten. Eine riskante Entscheidung, denn zeitlich rückte ich den in der Pubertät zu erwartenden Wachstumsschüben mit jedem Tag immer näher. Wären sie plötzlich aufgetreten, hätte das eine Operation noch komplizierter gemacht. Es war ein Wettlauf gegen die Zeit.

Im Jahr darauf ließ mein Vater mich endlich auf die Warteliste für die OP setzen. Der Eingriff war keine Routinemaßnahme, es gab nur wenige Termine und die waren zumindest für 2003 alle schon vergeben. Wir warteten also weiter. Während er sich wie gewohnt bei allen möglichen Stellen kundig machte, wie man unterdessen meinen körperlichen Zustand, wenn schon nicht verbessern, dann wenigstens den gegenwärtigen Status quo bewahren konnte. Der war ohnehin nicht besonders gut.

Wie es um mich bestellt gewesen ist, mag vielleicht eine Episode verdeutlichen, die ich im Sommerurlaub 2003 erlebte. Wir waren mal wieder mit Stephan und der ganzen Familie nach Frankreich gepilgert und hatten dort für vier Wochen ein Strandhaus gemietet. Eigentlich war alles perfekt, doch als ich einmal mit dem Rollator zum Strand wollte, knickten meine Knie so stark nach innen, dass das linke Knie ständig gegen das rechte Knie scheuerte. Teilweise knickte das linke Knie so stark ein, dass es beim Laufen hinter dem rechten verschwand. Am Ende des Tages hatte ich mir beide Knie blutig gescheuert. Nur durch das Gehen. Ein Zustand, der nun immer häufiger auftrat.

Als um den Jahreswechsel 2003/04 immer noch kein OP-Termin für mich frei geworden war, begannen meine Eltern langsam zu verzweifeln. Bei mir wuchs auch nicht gerade die Begeisterung. Je länger sich die ganze Prozedur hinzog, desto weniger überzeugt war ich von der Aussicht, unters Messer zu kommen. Meine Angst wuchs stündlich und ich versuchte das, was mir bevorstand, so gut es ging zu verdrängen, weiterhin meine Therapien zu erledigen und ansonsten darauf zu hoffen, dass sich das Schicksal irgendwann erbarmen würde. Etwas anderes blieb mir gar nicht übrig. Ich hatte begriffen, dass die OP unabänderlich war. Aber ich hatte auch verstanden, dass es eine unsägliche Tortur werden würde. »Du hast dich mit einem ungeheuren Vertrauen darauf eingelassen, Vertrauen auf mich, auf die Ärzte. Woher du dieses Vertrauen hattest, weiß ich nicht«, sagte mein Vater. »Ich habe mich bemüht, dich nicht zu enttäuschen.«

Ich erlebte meinen Vater sehr angefasst. Für mich waren die Wochen vor der OP nicht weniger emotional. Viele Erinnerungen an diese Zeit habe ich allerdings nicht mehr. Vieles aus dieser Zeit habe ich wohl verdrängt, verdrängen müssen. Vor allem die Schmerzen. Natürlich hatten mich meine Eltern gewarnt, die Ärzte hatten mich aufgeklärt, aber wie schlimm es wirklich werden würde, davon hatte ich keine Ahnung. Eine Wahl hatte ich aber auch nicht. Ich wollte ja gehen können.

Am 13. Februar 2004 klingelte auf der Arbeitsstelle meines Vaters das Telefon. Es war Freitag, der 13. Am anderen Ende meldete sich die Orthopädische Klinik in Heidelberg und teilte uns mit, dass der OP-Termin nun kurzfristig angesetzt worden war. Und zwar für den 23. Februar. Im Nachhinein kann ich mir ein Schmunzeln nicht verkneifen, dass ich nach jahrelangem Warten ausgerechnet an diesem Tag operiert werden würde: Es war der Rosenmontag. Das hatte schon was. An einem der höchsten Feiertage für Karnevalisten sollte ich also unters Messer kommen. Und ich bin eingefleischter Karnevalist. Aber dazu später mehr.

Einen Termin zu haben war vor allem für meine Eltern wie eine Befreiung. Ich hingegen sah dem Eingriff mit Schrecken entgegen, versuchte aber, das Ganze auch als Chance für einen Neustart zu sehen. Mein Körper brauchte einen Relaunch, denn so, wie es war, konnte es buchstäblich nicht weitergehen. Umgehend erledigten meine Eltern die notwendigen Vorbereitungen und klärten letzte Details. Mein Vater fuhr mit mir nach Heidelberg, wo wir zunächst die Klinik besichtigten und uns wie immer gewissenhaft auf die Situation einstellten. Ich ließ die obligatorischen Voruntersuchungen über mich ergehen und wir führten die letzten Gespräche mit dem Klinikpersonal und den behandelnden Ärzten.

Dann kam der Rosenmontag. Ich war nervös, hibbelig. Je näher der Eingriff rückte, desto aufgeregter wurde ich, und für mich typisch, umso neugieriger wurde ich auch. Der Chefarzt erzählte hinterher, man habe Mühe gehabt, mich in die Narkose zu versetzen, weil ich unentwegt Fragen gestellt habe. Dann ging es tatsächlich los. Kaum hatte das Ärzteteam begonnen, mich aufzuschneiden, stieß es gleich auf die erste Überraschung. Meine Knochen erwiesen sich als besonders hart. Dafür war meine Muskulatur deutlich entspannter als erwartet.

Das Ärzteteam unter Leitung von Dr. Döderlein entschied sich spontan dafür, mich anders zu operieren als ursprünglich vorgesehen. Die Hüften selbst sollten nun doch nicht operiert werden. Eine riskante Entscheidung. Zunächst wurden mir die Oberschenkelknochen oberhalb der Knie durchgesägt und nach außen gedreht. So sollten die Hüften zentriert werden. Dann mussten synchron dazu die Unterschenkel oberhalb der Fußgelenke durchgesägt werden, um die Füße wieder gerade zu richten, denn die hatten durch die Drehung der Oberschenkel nun nach außen gezeigt. Damit ich hinterher nicht wie eine Marionette aussah, der man die Fäden durchgeschnitten hatte, mussten auch die Sehnen verlegt und teilweise verlängert werden. Zu guter Letzt wurden auch die Adduktoren verlängert, ebenso die Kniebeugesehnen. Das Prozedere dauerte rund zehn Stunden. Mein Vater hatte die meiste Zeit in der Krankenhaus-Kapelle verbracht und diverse Stoßgebete abgeschickt.

Gegen 21 Uhr wurde ich schließlich auf die Station geschoben. Dr. Döderlein, der leitende Arzt, ließ es sich nicht nehmen, vor seinem Feierabend noch einmal bei mir vorbeizuschauen. Dabei stellte er fest, dass in den beiden Gipsschalen, in denen meine zersägten Beine lagen, unten die Aussparungen für die Fersen fehlten. Also griff er kurzerhand zum Werkzeug und klöppelte die *Fenster* eigenhändig in den Gips hinein. Dieser Arzt zeigte auch in den kommenden Tagen und Wochen ausgesprochenes Engagement in meinem Fall. Ob es deshalb war, weil er kurzfristig die Operationsmethode geändert hatte, oder weil er sich um jeden Patienten so intensiv kümmerte, brachte ich nie in Erfahrung. Er war jedoch immer interessiert, bei Kontrollterminen von meiner Entwicklung zu erfahren.

Ich erwachte nicht langsam aus der Narkose, sondern schlagartig. Und schon kurze Zeit später ging das Martyrium los. Die Schmerzen waren unerträglich. Mein Vater war inzwischen auch in das Stationszimmer gekommen, in dem ich lag. Er war dabei, als ich aus der Vollnarkose erwachte. Es war ein entscheidender Moment, vor dem wir alle und vor allem natürlich ich selbst große Angst gehabt hatten. Zu Recht, wie sich zeigte.

Zuerst spürte ich nicht viel, aber je mehr die Wirkung der Betäubungsmittel nachließ, desto heftiger wurden die Schmerzen, die aus meinem zersägten, zerschnittenen und zerdehnten Unterkörper aufstiegen. Rasende Schmerzen, die mein Hirn fluteten. Wie befürchtet, setzten jetzt auch die Spastikattacken ein. Sie schüttelten meinen ganzen Körper durch und verschlimmerten meinen Zustand extrem. Da die Spastik den Zustand vor der Operation wiederherstellen wollte, riss es meine malträtierten Beine immer wieder ruckartig gegen die Gipsschalen, die nun wie Schraubstöcke wirkten. Die Beine schwollen immer mehr an, zugleich staute sich das Blut. Da die Beine in der Folge tatsächlich abzusterben drohten, veranlasste der diensthabende Arzt in jener Nacht geistesgegenwärtig das Aufschneiden der oberen Gipsschalen. Damit verhinderte er Schlimmeres.

Ich bekam starke Spastikmittel. Aber immer, wenn die Wirkung der Medikamente nachließ, übermannten mich sofort wieder die Attacken. Die Ärzte gaben mir noch mehr Medikamente, bis zur Grenze des Erlaubten. Doch selbst die höchstmögliche Dosis vermochte meine Qualen nicht zu lindern. Offenbar war mein Gehirn mit der Tatsache überfordert, dass die Beine mit Gewalt neu ausgerichtet worden waren. Auf meiner Festplatte im Kopf passten die zersägten Glieder nicht mit dem alten Programm zusammen. Demnach waren meine Beine immer noch genauso verkrümmt wie vor der OP. Diese Diskrepanz führte dazu, dass die Spastik in meinem Körper wütete.

Papa wachte die ganze Nacht hindurch an meinem Bett und sah dabei zu, wie ich litt. Er streichelte mich, sprach tröstende Worte und versuchte alles, um mich irgendwie abzulenken. Auch für ihn muss mein Anblick nur schwer zu ertragen gewesen sein. Das Delirium sollte noch zwei weitere Tage und Nächte andauern, heftige Schmerzen, durch Spastikattacken bis zur Unerträglichkeit verstärkt und nur kurzzeitig suspendiert von dämpfenden Medikamenten. Meinen Humor hatte ich jedoch nicht verloren.

Mit dem Stationsarzt Dr. Braatz hatte ich kurz vor der Operation gewettet, dass ich am Tag nach der OP auf jeden Fall das Champions-League-Spiel des FC Bayern München gegen Real Madrid ansehen würde. Als (damaliger) Bayern-Fan war das eine Pflichtveranstaltung für mich und ich war ohnehin schon sauer, dass ich nicht im Olympiastadion sein konnte. Mein Firmpate hatte Karten besorgt und wollte mich nach München mitnehmen. Stattdessen lag ich nun in meine Einzelteile zerlegt in der Orthopädischen Universitätsklinik in Heidelberg und mein Vater dachte wohl, ich mache Witze, als ich tatsächlich kurz vor dem Anpfiff aus meinem Delirium aufwachte und darum bat, den Fernseher einzuschalten. Ich verfolgte die Partie der Bayern bis zum Schlusspfiff und schlief sofort wieder ein. Wette gewonnen. Dr. Braatz schuldete mir nunmehr zehn Tafeln Schokolade.

Mein Kampf mit den Nachwirkungen der OP ging weiter. Die Erstellung eines Blutbilds hatte einen akuten Eisenmangel ergeben, weshalb die Ärzte die Gabe einer Blutkonserve anordneten. Doch die Schwester setzte die Injektionsnadel nicht richtig, sodass Blut ins Gewebe lief und sich ein großes Hämatom bildete. Am dritten Tag erfolgte der erste Gipswechsel. Mein Vater hatte mir gesagt, ich solle achtsam mit meinem Körper umgehen, ihn aber auch fordern. Ich wusste, je früher ich begann, meine Beine wieder zu mobilisieren, desto schneller würde die Heilung voranschreiten. Also probierte ich es. Gemeinsam mit einem Physiotherapeuten bewegten wir meine Hüft- und Kniegelenke, soweit es die Schmerzen erlaubten. Ich wollte mich quälen, um dem Martyrium, dem ich ausgesetzt war, möglichst rasch zu entkommen. Da war ich nicht zimperlich.

Der Rückschlag kam jedoch postwendend. Anfang März, eine Woche nach dem Eingriff, erbrach ich ununterbrochen. Mein Körper wollte nichts mehr aufnehmen, keine Nahrung, kaum Flüssigkeit. Meine Euphorie war einer totalen Erschöpfung gewichen. Ob die hohen Dosen an Spastikmittel, die mir verabreicht worden waren, oder etwas anders ursächlich gewesen war, ließ sich nicht mehr feststellen. Selbst die Ärzte waren sprachlos.

An jenem Tag besuchte mich meine Mutter erstmals nach der OP, auch meine Geschwister waren dabei. Meine Mutter hatte sich in den Tagen danach immer telefonisch auf dem Laufenden gehalten und mir Mut zugesprochen, konnte selbst aber nicht früher nach Heidelberg kommen, weil sie sich um den Rest der Familie kümmerte. Nun stand sie an meinem Krankenbett und hielt meine Hand. Ihr Auftauchen wirkte Wunder. Wie immer führte sie eine Thermoskanne mit schwarzem Tee bei sich, das war so etwas wie ihr Markenzeichen. Gebäck hatte sie auch dabei. Obwohl ich mich hundeelend fühlte, trank ich ein wenig von ihrem Tee und aß ein wenig Gebäck. Erstaunlicherweise wehrte mein Magen sich nicht mehr dagegen und von diesem Moment an ging es bergauf.

Dann ging alles sehr schnell. Sobald ich wieder zu Kräften gekommen war, stellten sich die Ersatzlehrer ein, die mein Vater in der Klinik organisiert hatte. Wir paukten Deutsch, Mathe, Englisch und Latein und ich sog alles wissbegierig auf. Der Einzelunterricht machte mir Spaß, auch wenn der meist mit gespreizten Gipsbeinen und in Bauchlage stattfinden musste. Unterdessen hatte ich mit leichten Übungen im Kraftraum der Klinik begonnen und nicht einmal drei Wochen nach der OP fuhr ich trotz eingegipster Unterschenkel schon wieder mit einem speziellen Dreirad über die Stationsgänge. Eigentlich sollte ich das Rad nur dazu nutzen, die Beine etwas hoch und runterzubewegen. Dass ich bereits selbstständig fahren konnte, hatte keiner der Ärzte erwartet. Dr. Döderlein sagte nur ein Wort: »Wahnsinn.«

Schon nach vier Wochen konnten die Drähte in den Knöcheln entfernt werden, nach sechs Wochen wurden die Gipse zur Ruhigstellung meiner Beine endgültig abgenommen, und an Karfreitag 2004 wurde ich aus der Klinik entlassen. Nach nicht einmal sieben Wochen. Pünktlich zu Ostern war ich quasi auferstanden.

Die weitere Rehabilitation war geprägt von niederschmetternden Erlebnissen mit der Krankenkasse, die uns unter anderem ein Reha-Zentrum zugewiesen hatte, das überhaupt nicht auf meine Bedürfnisse ausgerichtet war. Bewundernswert war wieder einmal, wie aufopferungsvoll und vollkommen selbstverständlich mein Vater sich während der sechswöchigen Reha um meine Betreuung, mein Training und um alles andere kümmerte. Zurück in Bamberg schaltete sich meine Mutter in meine Nachbetreuung ein, wie üblich. Ungeachtet ihrer zahlreichen anderen Verpflichtungen betreute sie mich rund um die Uhr.

Die Gipse, in denen meine Beine wochenlang eingemauert waren, waren nun tagsüber durch Oberschenkelorthesen ersetzt worden. Nachts bekam ich gespreizte Nachtlagerungsschienen umgeschnallt, beide konnten bei unsachgemäßer Lagerung unangenehme Druckstellen und Hautabschürfungen verursachen. Meiner Mutter oblag es daher, dafür zu sorgen, dass ich entsprechend sachgerecht versorgt und etwa zur Toilette getragen wurde. Selbst fortbewegen konnte ich mich noch nicht. Die Krankenkasse hatte die Einstufung in eine höhere Pflegestufe dennoch abgelehnt. Stattdessen empfahl man mir, häufiger den Rollstuhl zu benutzen. Ich wollte aber nicht erneut das Rollstuhlfahren lernen. Ich wollte laufen lernen. Oder wofür sonst hatte ich diese ganze Tortur über mich ergehen lassen?

Mein Vater hatte unterdessen die Schweizer Giger-MD-Maschine angeschafft. In seinen Ausmaßen ein regelrechtes Monstrum von einem Übungsgerät, das zum Preis eines Kleinwagens daherkam. Mithilfe des Geräts, das die Mobilisierung aller vier Gliedmaßen gleichzeitig erlaubte, arbeitete ich verbissen an meinem Comeback und am letzten Schultag vor Pfingsten ging ich auf eigenen Wunsch wieder in die Schule. Für die Woche nach den Pfingstferien war eine Klausur in Mathematik angesetzt, die wollte ich unbedingt mitschreiben. Das Jahr zu wiederholen kam für mich nicht infrage. Meine Lehrer am Gymnasium nahmen mich erst nicht für voll, sie dachten wohl, es handle sich um eine zeitweilige Bewusstseinstrübung infolge der Operation, schließlich ließen sie mich die Klausur aber mitschreiben. Ich erhielt eine Zwei.

Vor der OP hatten wir damit gerechnet, dass ich im schlimmsten Fall ein ganzes Schuljahr verlieren könnte. Es standen noch einige andere Klausuren vor den Sommerferien an sowie ein Englischtest. Nirgendwo schnitt ich schlechter als ausreichend ab. Nicht einmal vier Monate nachdem die Ärzte mich einmal auseinandergenommen und wieder zusammengesetzt hatten, schaffte ich die Versetzung in die nächste Stufe. Es war fast, als wäre ich gar nicht weg gewesen.

Kapitel 19 – 83 Millionen Kilojoule

Zunächst schien es also ganz so, dass der Eingriff ein durchschlagender Erfolg war. Meine Genesung schritt zügig voran und mithilfe der Vierpunkt-Gehstöcke konnte ich erstmals einigermaßen gerade laufen. Diese positive Entwicklung ermutigte mich. Aber eine Folge der OP war leider auch, dass sich mein Rücken verkrümmt hatte. Ich hatte nun ein extremes Hohlkreuz. Die waagerechte Verkrümmung meines unteren Rückens war so stark ausgeprägt, dass man einen Bierkrug darauf hätte abstellen können, während ich aufrecht stand. Das führte auch dazu, dass mein Magen zusammengeschoben wurde und ich nur noch wenig Nahrung aufnehmen konnte, ohne mich sofort zu übergeben.

Nichtsdestotrotz veranlassten die von verschiedenen Ärzten erhobenen Befunde die Behörden schon kurze Zeit nach dem Eingriff dazu, den Grad meiner Behinderung herunterzustufen. Mein *GdB* wie das in der Amtssprache hieß, betrug nun nur noch 070, zudem bestand für mich kein Anspruch mehr auf die Merkzeichen *aG* und *H*. Was auch immer das heißen mochte. Für mich klang das Kassen-Kauderwelsch reichlich unverständlich. Allerdings verfinsterte sich die Miene meines

Vaters zusehends und das bedeutete nichts Gutes. Er war empört. Den Vorgang konnte er sich wieder einmal nur durch das schwer durchschaubare Selbstverständnis der »Schreibtischtäter« erklären, wie er sie nannte.

Ist man als behinderter Mensch erst einmal in die Fänge deutscher Behörden geraten, genießt man das zweifelhafte Privileg einer sehr gründlichen Klassifizierung. Da geht es bisweilen zu wie bei der Abgassonderuntersuchung beim TÜV. Kasse und Versorgungsämtern galt ich nun nicht mehr als besonders schwerer Fall. Damit verbunden waren natürlich auch weniger Leistungen, die zu erhalten ich berechtigt gewesen wäre. Doch die optimistischen Prognosen seitens der Behörden sollten sich als verfrüht erweisen. Meine körperliche Verfassung verschlechterte sich um 2006 herum.

Der Grund dafür war mein Wachstum – ich war inzwischen 17 – und das ausbleibende Training auf dem Giger MD. Das Trainingsgerät der Schweizer Spezialfirma, das mein Vater kurz nach der OP angeschafft hatte und das im Keller in Bamberg stand. Das Gerät sorgte für Unruhe in der Familie. Mein Vater war mit der Bedienung der Maschine bestens vertraut und kam zweimal in der Woche vorbei, um mit mir zu trainieren. Das führte zu kleineren Konflikten mit Stephan, die allerdings bald eskalieren sollten. Auch meine Mutter war nicht glücklich mit der Situation: Dass sich die beiden Familiensphären – in Gestalt meines leiblichen Vaters und ihres neuen Mannes – wieder vermischten, widerstrebte ihr. Sie sprach hinsichtlich des häufigen Erscheinens ihres Ex-Mannes im Hause von der »Sonderbehandlung Giger«. Unterbinden wollte sie die Besuche meines Vaters jedoch auch nicht, da sie wusste, wie dringend ich das Training benötigte. Es hatte wesentlich dazu beigetragen, dass meine Beinorthesen bereits nach knapp einem Jahr und nicht wie von den Ärzten prognostiziert nach drei Jahren abgenommen werden konnten.

Als es wegen einer Lappalie mal wieder zwischen meinen Eltern und meinem Stiefvater gekracht hatte, rückte mein Vater anderntags mit dem Traktor in Bamberg an, lud das Trainingsgerät auf und brachte es in unser altes Haus nach Königsfeld. Dadurch konnte ich nun nur noch am Wochenende trainieren, was sich nachteilig auf meine Fitness und meine motorischen Fähigkeiten auswirkte. Es trat das ein, wovor mein Vater stets gewarnt hatte: Mehrere durch die Pubertät bedingte Wachstumsschübe hatten bei mir zu einer deutlichen Verschlechterung des Gangbilds geführt. Zum Ende einer vierwöchigen Reha ohne nennenswerte Fortschritte im Sommer 2006 eröffnete Dr. Reime von der Rheintalklinik Bad Krozingen mir sinngemäß, ich solle mich doch besser wieder in den Rollstuhl setzen, denn mit dem Laufen, so die Ärztin, würde es sehr wahrscheinlich nichts mehr werden. Mit anderen Worten: Ich sollte das Laufen aufgeben.

»Das glaubt sie doch wohl selbst nicht«, sagte ich zu meinem Vater. Ich war aufgebracht ob der düsteren Perspektive und wollte mich damit keinesfalls zufriedengeben. Statt mit dem Laufen aufzuhören, wie von medizinischer Seite vorgeschlagen, erhöhten Papa und ich das Training. Dafür schafften wir das Giger-Gerät mit dem Traktor erneut nach Bamberg. Natürlich nicht, ohne vorher das Einverständnis von Stephan und Mama einzuholen. Ich bat meinen Bruder Florian, doch mit mir zu Hause in Bamberg zu bleiben, damit ich mehr trainieren konnte, und nicht mit in den Sommerurlaub nach Frankreich zu fahren. Zu Beginn des neuen Schuljahres war der Rückschlag wegtrainiert. In dieser Zeit beschloss ich, schon vor der Schule die erste Trainingseinheit zu absolvieren. Ich stand also morgens um 4.30 Uhr auf, ließ mich von Mama auf das Giger-Gerät in meinem Zimmer schnallen und schuftete bis zu zwei Stunden. Nach der Schule erfolgte dann eine weitere Trainingseinheit.

Neben dem Giger MD und dem Haverich-Therapiefahrrad hatte Papa auch noch ein spezielles Laufband besorgt, mit dem ich arbeitete. Darüber hinaus tüftelte er ständig an neuen, speziell auf meine Bedürfnisse abgestimmten Methoden, die mir die Beübung bestimmter Körperbereiche erlaubten. Immer mit dem Ziel, meine Haltung und Koordination zu verbessern. Ich betrieb das Therapietraining nun zweifellos auf leistungssportlichem Niveau.

Bis ins Jahr 2007, rund drei Jahre nach der Operation, hatte ich allein auf dem Giger-Gerät fast 800 Trainingseinheiten absolviert. Die besonders intensiven Sitzungen wurden jedoch gar nicht abgespeichert, weil sie länger als vier Stunden dauerten. Das war wohl zu viel für den Gerätespeicher. In intensiver Heimarbeit hatte ich bis zu diesem Zeitpunkt fast zwei Millionen Kurbelumdrehungen auf dem Gerät geschafft, bei einem Energieumsatz von mehr als 83 Millionen Kilojoule – auf einem einzigen Trainingsgerät. Dazu kamen die Trainingseinheiten auf den anderen Geräten und die üblichen Behandlungen und Rehas, die sonst noch auf meinem Plan standen.

Mein Trainingspensum war enorm, weshalb Stephan, mein Stiefvater, mir vorschlug, das nächste Schuljahr auszusetzen. Ich wusste nicht, ob er das wirklich ernst meinte, denn im Gymnasium standen nun die entscheidenden Leistungskurse an. Ein Jahr auszusetzen kam für mich nicht infrage. Ich hatte mir vorgenommen, das Abitur zu machen und trotzdem weiter an der Verbesserung meiner Beweglichkeit zu arbeiten. Beides schien mir möglich, wenngleich selbst mein Vater das Pensum, das ich in jener Zeit abspulte, »Wahnsinn« nannte. Aber gegen eine Portion Wahnsinn hatte ich nichts. »Ich weiß bis heute nicht, woher du diesen Willen hattest«, sagt mein Vater. Die Antwort lautet wie so oft: Es war nicht der Wille, sondern die reine Notwendigkeit. Ich hatte schlicht keine Wahl.

Die Wachstumsschübe hatten nämlich inzwischen dafür gesorgt, dass ich über das Becken immer stärker nach vorne kippte und so das Gleichgewicht nicht mehr halten konnte. Mein Gang wurde dadurch noch schwieriger. Papa und ich zimmerten uns daher ein einfaches Brett und montierten darauf zwei Fließbandgurte. Dann wurde ich mit dem Rücken auf dem Brett festgeschnallt, um während des Gehens auf dem Laufband Wirbelsäule und Becken gerade zu zwingen. Trotz all dieser Bemühungen wurden die Spastiken wieder häufiger, ich hatte große Mühe, sie unter Kontrolle zu halten. Weil wir allmählich nicht mehr weiterwussten, liefen wir von Pontius zu Pilatus, wurden in etlichen Kliniken und bei den uns bereits bestens bekannten Ärzten vorstellig. Wir schauten uns neue Therapiemethoden an, probierten es mit einem Stützkorsett, einer sogenannten Rumpforthese, die wir von experimentierfreudigen Orthopädietechnikern eigens umbauen ließen und taten auch ansonsten alles, um meiner ungünstigen körperlichen Entwicklung entgegenzuwirken.

Über mein bisweilen obsessiv betriebenes Therapietraining zerbrach unsere Familie schließlich ein weiteres Mal. Die schwelenden Dissonanzen mit Stephan führten auch bei mir zum Bruch mit meinem Stiefvater, sodass ich kurz vor Weihnachten 2008 meine Sachen packte und das Haus in Bamberg verließ, um wieder zu meinem leiblichen Vater nach Königsfeld zu ziehen. Mit dem Wegzug verließ ich auch meine Mutter, was ich sehr bedauerte. Aber ich sah keine andere Option. Ich wollte unbedingt laufen lernen, nebenbei musste ich das Abitur schaffen, denn ich wollte studieren und die Welt bereisen, wie jeder andere Junge in meinem Alter auch.

Das war doch wohl nicht zu viel verlangt, oder?

Kapitel 20 – Am Abgrund

Ich schaffte das Abitur. Im Jahr 2009 legte ich die Prüfung ab, vorausgegangen war ein monatelanges Tauziehen mit der Schule und dem Kultusministerium um meine Prüfungsbedingungen, die nicht wirklich auf meine speziellen Bedürfnisse angepasst waren. Was die vorgegebenen Zeitlimits betraf, bat ich um eine deutliche Ausweitung der Vorschriften, da mir die Spastik gerade unter Stressbedingungen kein normales Schreiben erlaubte und jeder zu Papier gebrachte Satz für mich einen Kampf bedeutet. Schließlich ließ sich die oberste Schulbehörde auf einen Kompromiss ein, was die Zeitlimits betraf, und ich bestand die Prüfungen mit der Durchschnittsnote 2,7. Ich hatte mir zwar mehr vorgenommen, war angesichts der wieder mal alles andere als optimalen Begleitumstände aber nicht unzufrieden.

Kurz darauf wechselte ich an die Technische Universität München, um dort ein Studium der Sportwissenschaften aufzunehmen. Auch hier ging wieder ein langes Tauziehen mit den Sozialbehörden voraus, um meine Eingliederung und Betreuung am neuen Wohnort zu gewährleisten. Das führte so weit, dass sich die für mich zuständigen Ämter in Bamberg und in München ein regelrechtes Duell um die richtige Interpretation und Auslegung der geltenden Rechtsnormen lieferten. Der Bezirk Oberbayern (München) forderte schließlich den Bezirk Oberfranken (Bamberg) unmissverständlich auf, seinen Pflichten nachzukommen. Irgendwie war das alles nur noch peinlich und wir fragten uns allmählich, warum die UN-Menschenrechtskonvention, die Deutschland bereits im Jahr 2007 unterschrieben hatte, bei manchen deutschen Behörden offensichtlich immer noch nicht angekommen war – geschweige denn konsequent umgesetzt wurde.

Es ist ja nicht so, dass man als Mensch mit Handicap nicht schon genug Schwierigkeiten hätte, den Alltag zu bewältigen. Hinzu kommen die permanenten Auseinandersetzungen mit den Behörden. Jedes einzelne Hilfsmittel, jede Krücke, jeder Rollstuhl, jedes Trainingsgerät bedarf der Zustimmung, ansonsten: keine Kostenübernahme. Jede Therapie, jede Behandlung, jeder Reha-Aufenthalt braucht die Zustimmung der zuständigen Kommission, ansonsten: keine Therapie.

Dazu musste auch jede Sonderregelung für mich eigens genehmigt werden. Egal ob in der Schule, im Chor, vor den zuständigen Studienkommissionen und sozialen Fachausschüssen: Immer braucht es eine Bewilligung, und oft steht vorher eine Begutachtung oder Prüfung – und zwar zusätzlich zu den ohnehin erforderlichen Voraussetzungen, die für alle gelten. Bisweilen kam ich mir angesichts des fortdauernden Spießrutenlaufs bei den Ämtern vor wie einer jener bedauernswerten

Helden in einem Roman von Franz Kafka. Gefangen in einem System, das den Menschen mit Paragrafen quält, ihn zum Gegenstand unentwegter Prüfung, Vermessung und Zuweisung macht und ihn schließlich in Behinderungsgrade, Pflegestufen und Bezuschussungsklassen einteilt. Ich führte (und führe) ein absolut gläsernes Leben, stets begleitet von den kritischen Augen wechselnder Sachbearbeiter. Was mir möglich ist, entscheide nicht ich selbst, darüber entscheiden meist die Paragrafen. Und natürlich jene, die sie auslegen.

Von Geburt an gerät man als behinderter Mensch in ein beängstigendes Räderwerk mysteriöser, schwer nachvollziehbarer und gerade darum frustrierender Entscheidungen. Die Gefahr, von diesem Räderwerk abhängig zu werden, sich diesem System einfach zu ergeben, ist groß und damit auch die Gefahr, dabei seine individuelle Freiheit und seinen Mut zur Veränderung zu verlieren. Als Behinderter kämpft man also an zwei Fronten: einmal gegen sich selbst und seine Behinderung, zum anderen gegen die Umstände, die von der Gesellschaft, in der wir leben, vorgegeben werden.

Ich bin mir bewusst, dass wir in Deutschland paradiesische Verhältnisse haben. Bei uns haben Menschen mit Handicap viele Chancen, erfahren teilweise viel Gleichberechtigung. Dennoch gibt es auch hierzulande noch viel Luft nach oben. Schaut man in andere Länder – Skandinavien, USA, Australien, um nur ein paar zu nennen –, ist die Integration von Behinderten zum Teil schon beträchtlich weiter. Wir sollten uns diese Länder zum

Vorbild nehmen und die Inklusion auch bei uns voran-
treiben. Wir sollten in Deutschland nicht zu kleine Bröt-
chen backen und uns mit punktuellen Verbesserungen
zufriedengeben. Das ist nicht genug.

Denn Inklusion ist eine wertvolle Ressource, auf die
wir in unserer Gesellschaft bislang weitgehend verzichten. Viel zu oft ignorieren wir den kreativen, muti-
gen und oft auch inspirierenden Beitrag von Menschen,
die nicht den gängigen Kriterien entsprechen, viel zu oft.
Dabei sollten wir diese Menschen nicht länger in den
Folterkammern der Bürokratie piesacken, sondern sie
stärker zur Eigenverantwortung ermutigen, sie im Alltag einbinden und insgesamt besser, also individueller
fördern. Auch von Amts wegen. Denn natürlich braucht
es die Unterstützung der Behörden dabei; aber sie müssen auch den einzelnen Menschen im Blick haben. Menschen wie mich. Menschen, die bereit sind, enorm viel
zu investieren, weil sie von der Gesellschaft nicht als
vollwertig angesehen werden. Das tun Behörden aber
kaum, denn Inklusion ist nicht wirtschaftlich, sie kostet. Es ist ein bisschen traurig, das zu sagen, aber dieser Mangel an Anerkennung ist wohl auch der Grund,
warum ich mich immer waghalsigeren Projekten stelle. Meine Maxime *Höher, Schneller, Weiter* resultiert aus
dem Gefühl, nicht gleichwertig zu sein: Defizitär, nicht
gut genug, weniger belastbar. Also leiste ich eben mehr,
als man von mir erwarten würde. Das ist mein Antrieb.
Deswegen suche ich mir immer verrücktere und riskan-
tere Herausforderungen. Der Turmsprung, das Surfen,

die Mud Masters (dazu später mehr) und jetzt eben der Zuckerhut.

Nur mit solchen Aktionen können behinderte Menschen wie ich, so scheint es, die Aufmerksamkeit erhalten, die sie eigentlich auch ohne Vorleistungen verdient hätten. Nur so können wir die Schubladen, in die wir unbewusst von vielen Menschen gesteckt werden, vielleicht irgendwann mal verlassen. Zumindest hoffe ich das. Ich genieße den Sport. Es macht mir Spaß, mich zu bewegen, mich zu quälen und etwas zu schaffen. Ich lechze nach extremen Herausforderungen. Es ist der Weg, den ich bislang gegangen bin und den ich weiter gehen werde. So lange, bis ich als ganz normaler Mensch mit einer körperlichen Einschränkung akzeptiert werde. Dennoch ist es erschreckend, dass ich fast unbewusst die Grenzen immer weiter verschiebe, weil es anscheinend nur durch außergewöhnliche Aktionen möglich ist, für einen kurzen Moment als ein normaler, vollwertiger Teil der Gesellschaft gesehen zu werden. Ernüchternd.

Dass dieser Weg anstrengend ist und mich nicht nur körperlich schon viel Kraft gekostet hat, gebe ich gerne zu. Es gab Zeiten, in denen ich mental am Ende war. In denen ich am Abgrund stand und in ein tiefes schwarzes Loch schaute. Diese Zeiten sind noch gar nicht lange her.

Kapitel 21 – Weltkonzerne

Der Turm ragt steil auf. Ich stehe auf der untersten Stufe, meine Hände umfassen das Edelstahlgeländer. Es fühlt sich kalt an. Ich schaue nicht nach oben, versuche mich zu konzentrieren. Ich muss nur die Stufen hochsteigen. Es sind 30 Stufen aus rutschfestem Lochblech. Ich nehme eine nach der anderen. Vorsichtig. Der riskante Teil kommt erst noch. Gleich werde ich im Schwimmzentrum der Deutschen Sporthochschule in Köln vom 7,5-Meter-Turm springen. Es wird das erste Mal sein, dass ein Rollstuhlfahrer solch einen Sprung wagt. Mit Rollstuhl.

Die Halle ist gut gefüllt mit Zuschauern. Meine Helfer, meine Freunde und auch ein paar Dozenten stehen am Beckenrand. Ein Kamerateam filmt, wie ich die Stufen hochklettere. Zwei meiner Helfer schleppen meinen Rollstuhl auf den Turm. Auf der zweiten Ebene mache ich Halt. Es würde noch weiter hochgehen, aber ich habe mich gegen einen Sprung vom Zehner entschieden. Den hebe ich mir für ein anderes Mal auf.

Auf der Plattform angekommen setze ich mich in den Rollstuhl, den meine Helfer für mich aufgebaut haben. Der Rollstuhl ist mit einem Seil am Turm befestigt, damit er mir während des Sprungs nicht auf den Kopf fällt. In der Halle herrscht gespannte Ruhe. Nur das gleichmäßige Blubbern der Bubbleanlage ist zu hören. Die Anlage raut die Wasseroberfläche auf, damit ich nicht zu hart aufschlage. Mein Ziel ist es, einen sauberen Kopfsprung zu machen.

Dann wird es plötzlich laut. Die Zuschauer zählen den Countdown runter.

»Zehn«, »Neun«.

Jolle, einer meiner Helfer, bringt sich in Position und packt die Griffe meines Rollstuhls.

»Sieben«, »Sechs«.

Der große, weite Raum der Schwimmhalle liegt vor mir. Ich sehe das Grau des Sichtbetons und das grünlich schimmernde Wasser.

»Vier«, »Drei«.

Nun riskiere ich einen Blick nach unten, wo zwei Ersthelfer im Becken schwimmen. Zur Sicherheit. Ich strecke die Arme nach vorne.

»Zwei«.

Ich versuche, an nichts mehr zu denken.

»Eins!«

Die ganze Halle schreit. Mit einem kräftigen Ruck setzt Jolle den Rollstuhl in Bewegung, katapultiert mich nach vorne, ich fliege über den Rand des Turms, mein Rollstuhl kippt nach hinten weg, ich will nach vorne fallen, um einen Köpper zu machen, falle aber nach hinten. Damit hatte ich nicht gerechnet. Ich schlage mit dem Rücken auf dem Wasser auf und tauche unter.

Es fühlt sich erstaunlich gut an. Das Adrenalin schießt mir in den Kopf. Ich hatte erwartet, dass es wehtut, aber so ist es nicht. Das Wasser schmiegt sich sanft an mich. Es ist der 14. Oktober 2017 und ich habe gerade einen Weltrekordversuch im Rollstuhlturmspringen unternommen. Im Schwimmbecken warten die beiden Helfer auf mich, sie wollen mich zum Beckenrand begleiten, doch ich möchte am liebsten gar nicht auftauchen. Irgendwie genieße ich die Schwerelosigkeit unter Wasser. Ich bin in einem anderen Raum, befreit vom Druck, von all den Problemen, die mich zu jener Zeit plagen.

In den drei Jahren vor dieser Szene hatte sich mein Zustand kontinuierlich verschlechtert. Nicht nur baute ich körperlich rapide ab, auch driftete ich jeden Tag mehr in düstere Gedanken ab. Was ich zu jener Zeit auch versuchte, meine körperliche Fitness zu verbessern, die Masterarbeit, an der ich mehr als zwei Jahre lang wie ein Besessener feilte, einen Job zu finden oder an den paralympischen Spielen in Rio de Janeiro 2016 teilzunehmen – eines meiner großen sportlichen Ziele –, scheiterte. Ich sah kaum noch einen Ausweg.

Mein Abstieg begann Mitte des Jahres 2015. Ich war inzwischen 26, und spürte etwas, das ich bis dato noch nie gespürt hatte. Plötzlich schaffte ich es nicht mehr, gegen die Spastik in meinem Körper anzutrainieren. Was immer geklappt hatte, klappte nun nicht mehr. Ich strengte mich an, trainierte wie ein Blöder, doch die Spastik verschwand einfach nicht. Sie hatte in meinem Rumpf überhandgenommen. Ein Gefühl der Ohnmacht überkam mich. Schlimmer hätte es nicht sein können, denn der Rumpf ist entscheidend für meine gesamte Bewegungsfähigkeit. Er ist die eminent wichtige Schaltzentrale für meine Motorik. Macht der Rumpf nicht, was ich will, wirkt sich das auf alle Glieder aus. Ich hatte das Gefühl, allmählich die Kontrolle über meinen Körper zu verlieren.

Konnte ich vorher normal und unbeschwert auf mein Fahrrad steigen und längere Distanzen zurücklegen, war mein Rumpf nun derart verzogen, dass ich bei jeder Pedalumdrehung gefährlich weit zur Seite kippte und die Kontrolle über das Rad zu verlieren drohte. Hatte ich vorher ohne Probleme gerne mal 60 Kilometer Strecke auf dem Fahrrad abgespult, wurden nun schon wenige Meter für mich zur Qual. Es war ein Desaster.

Wie kaum etwas anderes hatte mir das Fahrradfahren immer ein Gefühl der Freiheit und Unabhängigkeit verliehen. Das Fahrradfahren war meine große Leidenschaft. Doch mein körperlicher Niedergang setzte sich unaufhörlich fort. Mein Kopf wollte es nicht akzeptieren, irgendwann jedoch konnte ich mir nichts mehr vormachen. Ich musste handeln, bevor ich einen Unfall baute und eine schwere Verletzung riskierte. Also stieg ich vom Fahrrad. Es war der 18. September 2017. Seitdem bin ich nie wieder mit dem Rad draußen gewesen.

Parallel dazu arbeitete ich an meiner Masterarbeit. Ich hatte mir ein äußerst anspruchsvolles Thema vorgenommen, es ging kurz gesagt um eine erstmalige Evaluierung meines Therapiegeräts, das von mir bereits mehrfach besprochene Giger MD, für den Einsatz im Leistungssport. Nächtelang brütete ich über Büchern oder wertete die Studie aus, die ich selbst auf den Weg gebracht und für die ich 20 Teilnehmer rekrutiert hatte. Zum Teil schlief ich nicht mehr als drei Stunden pro Tag. Letztlich dauerte die Arbeit zwei Jahre und umfasste 200 Seiten. Auf Englisch.

Unmittelbar danach machte ich mich auf die Suche nach einem Job. Ich bewarb mich bei Unternehmen aus den verschiedensten Bereichen. Vom Fußballverein bis zur Automobilindustrie, vom Rehasport-Anbieter bis zum Medienunternehmen. Am Ende hatte ich mehrere Hundert Bewerbungen geschrieben und bin kein einziges Mal zum Vorstellungsgespräch eingeladen worden. Kein Mal. Null. Entweder erhielt ich gar keine Antwort oder es hagelte mehr oder weniger kreative Absagen. Die ehrlichste Absage bekam ich einmal am Telefon. Der Personalmanager eines internationalen Konzerns rief mich an und sagte mir: »Sie passen zwar von ihrem Profil her perfekt auf die ausgeschriebene Stelle, aber es ist für uns dennoch lukrativer, die gesetzlich vorgeschriebene Strafgebühr zu zahlen, als sie einzustellen.«

Nur um das noch mal erwähnt zu haben: Ich habe drei Studiengänge erfolgreich abgeschlossen, einen Bachelor in Sportwissenschaften, einen Master in Exercise Science and Coaching und einen Zertifikatsstudiengang zum Spiel- und Videoanalysten beim Deutschen Fußballbund (DFB). Dazu konnte ich ein Auslandsjahr vorweisen und hatte praktische Erfahrungen als Coach und Teammanager bei den Fußball-Bundesligisten SC Freiburg und Eintracht Frankfurt sowie beim Basketball-Bundesligisten Brose Bamberg gesammelt. Eigentlich sollte das doch genügen, um zumindest einmal zum Vorstellungsgespräch eingeladen zu werden. Doch einen Behinderten wollte niemand haben.

Mein Fall steht sinnbildlich für den teilweise erschreckenden Zustand der Inklusion auf dem deutschen Arbeitsmarkt. Unternehmen sind in Deutschland zwar seit einigen Jahren gesetzlich dazu verpflichtet, eine bestimmte Zahl von Menschen mit Handicap einzustellen. Wie viel dieses Gesetz wert ist, zeigt jedoch folgender Umstand: Wird die Behinderten-Quote nicht erfüllt, muss der Arbeitgeber eine Ausgleichsabgabe zahlen. Diese liegt zwischen 140 und maximal 360 Euro pro Monat. Das muss man sich mal vorstellen: 360 Euro. Für Weltkonzerne sind das nicht einmal Peanuts. Das ist nichts. Ein Witz. Und natürlich ist die Abgabe auch noch steuerlich absetzbar. Unternehmen werden durch eine solche Regelung im Grunde sogar dazu eingeladen, sich für einen lächerlichen Betrag von der Pflicht freizukaufen, einen Behinderten einzustellen. Ich erfuhr das am eigenen Leib.

Obwohl sehr gut qualifiziert, fand ich einfach keinen Job. Das nagte an mir und an meinem Selbstbewusstsein. Nach Monaten des Wartens erhielt ich doch noch eine Zusage. Ein Berliner Start-up stellte mich als Head of Innovation ein. Wir entwickelten ein 3D-Trackingsystem für den Profifußball. Der Clou an der Anwendung war die Möglichkeit, jedem Spieler einen dynamisch adaptierbaren Leistungsscore zuordnen zu können. Zehn Monate arbeitete ich dort, pendelte während dieser Zeit zwischen Köln und Berlin, stürzte mich gemeinsam mit ehemaligen Bundesligaprofis in die Entwicklungsarbeit und blühte kurzzeitig auf. Das Problem war: Ich wurde nicht bezahlt, obwohl ich einen regulären Arbeitsvertrag hatte. Bis heute warte ich darauf, dass der CEO des Start-ups mein Gehalt überweist. Während meine Arbeitskollegen ihr Gehalt, oder zumindest einen Teil davon, längst bekommen haben, warte ich auch fünf Jahre danach immer noch auf eine Entschädigung.

Meine letzte Hoffnung, etwas für meinen Selbstwert zu tun, lag nun auf dem Sport. Bei den Paralympischen Spielen in Rio de Janeiro wollte ich bei den Radsportlern an den Start gehen. Die Aussichten auf eine Teilnahme waren im Grunde nicht schlecht. Die Norm für die Qualifikation lag im Bereich des Möglichen. Doch dann verschlechterte sich wie bereits erwähnt meine körperliche Verfassung und das Ziel »Rio 2016« rückte in immer weitere Ferne. Irgendetwas musste ich tun, um meine neuromuskulären Probleme in den Griff zu bekommen.

Bereits ein Jahr zuvor hatte ich mit Unterstützung des Orthopädie-Weltmarktführers Otto Bock begonnen, an der Entwicklung leichter und stabiler Beinführungen zu arbeiten. Die orthopädischen Hilfsmittel sollten mir auch dabei helfen, meinen immer schiefer werdenden Rumpf auszugleichen und mir die für die Paralympischen Spiele notwendigen Leistungen ermöglichen. Doch auch dieser Versuch scheiterte. Es gelang den Technikern nicht, die Schienen so zu bauen, dass sie meine Fehlhaltung korrigieren konnten. Obwohl ich viele Stunden der Arbeit gemeinsam mit den Fachleuten von Otto Bock investiert hatte, zerstob auch diese Hoffnung. Es half nichts. Ich musste Rio aufgeben. Der Traum von Olympia war geplatzt.

Es fühlte sich an, als lastete ein Fluch auf mir. Als ob ich in Treibsand geraten wäre und immer mehr den Boden unter den Füßen verlor. Ich haderte mit meinem persönlichen Schicksal, ebenso wie ich mit der Gesellschaft haderte. Das Gefühl des Alleinseins und der Isoliertheit wurde immer greifbarer. Doch dann gab es einen völlig unerwarteten Hoffnungsschimmer. Eine Frau trat in mein Leben.

Kapitel 22 – Super-GAU im Center Park

Um den Jahreswechsel 2015/16 unternahm ich einen spontanen Trip nach Holland. Mit einer Gruppe Studenten fuhren wir für zehn Tage in einen Center Park in der Nähe von Nimwegen. Das Ganze war wie so oft ein Experiment, schließlich hatte ich die meisten aus der Gruppe noch nie zuvor gesehen. Erst kurz vor dem Trip hatte ich einen von ihnen kennengelernt und mich quasi halb selbst eingeladen zu der Fahrt – Hemmungen kenne ich nicht. Zu meiner Überraschung stimmten alle aus der Gruppe zu. Ich hatte ihnen offenbar erfolgreich suggeriert, dass wir alle dasselbe wollten: gepflegt eskalieren. Also ging es gemeinsam nach Holland.

Schon auf der Autofahrt wurde es lustig. In einem großen deutschen Supermarkt deckten wir uns mit dem nötigen Proviant ein, unter anderem mehrere Kästen Bier. Dabei kam Ninja, eine der Studentinnen aus der Gruppe, auf eine skurrile Idee: Sie verfrachtete mich kurzerhand in einen Einkaufswagen. Keine Ahnung, wie sie das geschafft hatte, aber sie hatte null Berührungsängste und irgendwie landete ich in dem Wagen, meine Füße schauten vorne raus, und so schob sie mich unter einigem Trubel der übrigen Anwesenden durch den Supermarkt.

Schon nach wenigen Metern wurden wir von einem besonders regeltreuen Supermarktmitarbeiter im Kittel angeblafft. Er klärte uns ungefragt darüber auf, dass der Einkaufswagen nicht zum Transport von Menschen gedacht sei. Und er verlangte, dass ich sofort aussteigen solle. Daraufhin sagte Ninja zu dem Mann: »Okay, können wir machen. Aber entweder Sie tragen meinen Freund dann durch den Laden oder Sie räumen das ganze Auto aus, um seinen Rollstuhl zu holen.« Der Typ schaute völlig verdutzt. Er wusste nicht, was er sagen sollte, und Ninja ließ ihn einfach mit offenem Mund stehen. Weiter ging die wilde Fahrt.

In Holland angekommen ging die Party los. Wir feierten und spielten dabei Spiele. Eines davon war Twister. Twister ist ein Geschicklichkeitsspiel, bei dem man sich möglichst gut bewegen können muss. Man muss flexibel sein und je mehr man seinen Körper verrenken und dabei die Balance halten kann, desto besser schneidet man ab. Twister ist also genau das Spiel, das nicht für mich gemacht ist, denn wenn mir eine Sache wirklich schwerfällt, dann ist es, die Balance zu halten – das fällt mir schon im nüchternen Zustand schwer. Und wir waren kein bisschen nüchtern.

Irgendwie schaffte Ninja es, dass ich mich im Laufe des Spiels gar nicht so schlecht schlug. Wir spielten als Team und mit ihr zusammen kam ich auf dem Spielfeld voran, ich verbog meine Arme und Beine wie ein Oktopus, und sie sorgte dafür, dass ich nicht umfiel. So etwas hatte ich zuvor noch nicht erlebt. Ninja vollbrachte ein kleines Wunder. Mit ihrer unkomplizierten und witzigen Art vermochte sie es, dass ich meine Behinderung glatt vergaß. Ihre Unbefangenheit übertrug sich auf mich. Ninjas Wesen legte sich um mich wie ein schützender Mantel. In ihrer Gegenwart fühlte ich mich leicht. Ein Gefühl, das ich sonst nie hatte.

Ich genoss die Zeit an ihrer Seite sehr. Die Tage in Holland wurden für mich immer mehr zu einem unvergesslichen Abenteuer. Obwohl in der Gruppe auch Ninjas Freund mitgefahren war, entwickelte sich eine Verbindung zwischen uns, die weit über das hinausging, was ich bislang im Umgang mit Frauen gekannt hatte. Auf eine erstaunliche Art durchschaute sie mich, sie nahm mir meine Schwächen nicht übel. Im Gegenteil, Ninja neutralisierte meine Schwächen, ließ sie mich vergessen. Wir konnten sogar darüber lachen. Das war sehr schön.

Ninja hatte Charisma. Ihre blonden Haare trug sie zum Pferdeschwanz gebunden. Sie war schlagfertig und intelligent. Auf alles hatte sie immer eine passende Antwort. Und sie hatte noch etwas: Empathie. Nie zuvor fiel es mir so leicht, mich auf jemanden einzulassen und eine emotionale Verbindung herzustellen – weil sie es mir auch leicht machte. Es geschah alles beiläufig, wir mussten nicht viele Worte verlieren und ich begann von mehr zu träumen. Ja, ich hatte mich in sie verliebt.

Doch dann passierte es. Am Silvestertag waren wir auf dem Weg zum Frühstück. Vor einer Tür blieb ich mit einem meiner Gehstöcke so unglücklich in einem Bodengitter stecken, dass ich das Gleichgewicht verlor und vornüberkippte. Dummerweise hatte ich die Tür bereits einen Spalt geöffnet und den Türknauf immer noch in der Hand, sodass ich nun einerseits nach vorne fiel und dabei zugleich die Tür zudrückte. Das führte zu einer skurrilen Situation: Mein Hals steckte zwischen Tür und Rahmen fest – ich war dabei, mich selbst zu erdrosseln. Hilflos zappelte ich in der Tür, mein Leib völlig verdreht. Ich war unfähig, mich selbst zu befreien. Da kam Ninja angerannt. Sie war als Erste am Unfallort und wollte mich aus der misslichen Lage befreien. Noch während sie mir aus der Klemme half, begann sie zu weinen. Ich war irritiert. Mein Sturz mag dramatisch ausgesehen haben, aber mir waren gewiss schon schlimmere Unfälle passiert. Warum weinte sie? Während sie mich wieder auf die Beine stellte, sagte sie es mir: »Ich weiß jetzt, dass ich das nicht kann.«

Der Satz traf mich wie ein Donnerschlag. Ich wusste nicht, was ich damit anfangen sollte. Mir dämmerte allerdings nichts Gutes und mein Gefühl sollte sich in den kommenden Stunden und Tagen bewahrheiten. Zwar kümmerte Ninja sich nach wie vor aufrichtig um mich, aber irgendetwas war anders. Plötzlich fehlte die Unbeschwertheit zwischen uns. Eines Abends sprach sie darüber, wie es wäre, wenn ich allein unterwegs wäre und mir etwas zustoßen würde. Offenbar verstand sie nun die

Dimension meiner Behinderung. Der Zwischenfall mit der Tür hatte ihr wohl gezeigt, wie verletzlich ich bin.

Ninja und ich hatten nach dem Holland-Trip noch längere Zeit Kontakt miteinander, aber es wurde nie mehr so wie an den ersten Tagen im Center Park. Mir schien der Ausflug nun immer mehr wie ein Traum. Ein Traum, der zusehends verblasste. Es war nicht nur ein weiterer Rückschlag in einer Reihe von Niederlagen. Es war gefühlt der Höhepunkt eines persönlichen Scheiterns, das nun schon seit Jahren immer neue Fortsetzungen fand. Mit meinen gravierenden körperlichen Problemen hatte es begonnen, dann kam die erfolglose Jobsuche und die frustrierende Erfahrung, nicht an den Paralympischen Spielen teilnehmen zu können. Dazu die ganzen Versuche, mich einzubringen, meinen Platz in der Gesellschaft zu finden. Alles war zum Scheitern verdammt. Und nun auch noch die Sache mit Ninja.

Diese traurige Erfahrung hatte mich gelähmt. Ich war immer darauf bedacht, den Leuten die Angst vor meiner Behinderung zu nehmen. Ich hatte immer versucht, mich so normal wie möglich zu geben und anderen nicht das Gefühl zu geben, ich sei eine Belastung. Mit meiner Ungeschicklichkeit vor der Tür im Center Park hatte ich aber genau das Gegenteil erreicht. Das führte dazu, dass Ninja und die anderen mich anderntags nicht mal mehr mit ins Schwimmbad nahmen, aus Angst, mir könne etwas zustoßen, ich könne wieder einen Unfall haben. Für mich war das die größte Demütigung. Ich war am Boden zerstört.

In den Monaten danach fiel ich in ein tiefes Loch. Meine Tage verdüsterten sich. Zuerst nur kurz, aber dann wurden die Phasen der Niedergeschlagenheit immer länger. Ich verlor die Perspektive. Hatte ich sonst immer ein konkretes Ziel, auf das ich hinarbeitete, dem ich mich mit enormer Disziplin und Hingabe widmete, vermisste ich nun jeglichen Antrieb. Selbst das tägliche Training fiel mir schwer. Meine Hoffnung auf ein normales Leben schwand mit jedem Tag. Der Treibsand, in dem ich innerlich steckte, wurde immer tiefer. Ruß bedeckte meine Seele und schließlich hatte ich nur noch einen Plan: Ich wollte mir das Leben nehmen.

Kapitel 23 – Extremsport

Ich springe. Loslassen. Luft anhalten. Der Sturz dauert nicht einmal eine Sekunde, aber mir kommt diese Sekunde wie eine Ewigkeit vor. Als ich im Wasser lande, fühlt es sich an, als wäre ich neu geboren. In den Monaten zuvor hatte ich auch schon von anderen Sprüngen als jenen vom 7,5-Meter-Turm geträumt. Solchen, die nicht in einem sicheren Schwimmbecken landen, sondern mich von meinem behinderten Körper befreien und mir die Enttäuschung nähmen, von der Gesellschaft trotz aller Bemühungen nicht angenommen zu werden. Endgültig.

Meine Suizidgedanken hatten immer größeren Raum eingenommen. Professionelle Hilfe wollte ich nicht in Anspruch nehmen, das hätte meinen ohnehin miserablen Chancen auf dem Arbeitsmarkt zusätzlich geschadet. Ich war ja beschädigte Ware, die keiner nehmen wollte. Mit einer Depressions-Diagnose im Gepäck hätte ich erst gar keine Bewerbung mehr schreiben müssen. Trotz alledem hatte ich meinen Mut zusammengenommen und mich auf das Experiment in der Kölner Schwimmhalle eingelassen. Was hatte ich schon zu verlieren?

Der Sprung vom 7,5-Meter-Turm in der Kölner Schwimmhalle war daher nicht nur eine Befreiung aus meiner seelischen Abwärtsspirale. Er war für mich wie eine Auferstehung. Mein Weltrekordversuch war geglückt. Ich tauchte auf und badete im Applaus der Zuschauer, nahm die Glückwünsche entgegen und genoss es, für meine Aktion gefeiert zu werden. Der Sprung sollte den Leuten einen Ruck geben und ihnen die Angst vor einem normalen Umgang mit Behinderten nehmen. Mir gab er noch viel mehr. Er gab mir die Hoffnung zurück.

Der Rekordsprung im Rollstuhl markierte den Endpunkt meines jahrelangen Scheiterns und gleichzeitig den Startpunkt für etwas völlig Neues. Denn was nun folgte, zählt zu den faszinierendsten Erfahrungen in meinem Leben. Es begann mit einem Auslandsaufenthalt, den ich zur Jobsuche nutzte. Weit weg von zu Hause genoss ich eine andere Kultur. Eine Kultur, in der Menschen mit Handicap ganz selbstverständlich zum Leben dazugehören, wo Diskriminierung von Behinderten verpönt ist und man sehr schnell eine Ahnung davon bekommt, wie es auch in Deutschland sein könnte, wenn sich unser Land nur ein kleines bisschen mehr Mühe geben würde.

Zurück in Köln setzte ich mich ein weiteres Mal in den Hörsaal. Mit »Sport und Gesundheit in Prävention und Therapie« (SGP) nahm ich meinen insgesamt vierten Studiengang auf. Ich hoffte, meine Chancen auf dem Arbeitsmarkt dadurch erhöhen zu können. Auch sportlich fand ich in die Spur zurück, mir machten die Dinge auf einmal wieder Spaß und ich fand auch meine Kreativität wieder. So kam ich unter anderem auf die

Idee, mir ein Skateboard zu bauen. Eigentlich wollte ich surfen, aber dieses Ziel lag noch in weiter Ferne, also probierte ich es erst einmal mit Skaten. Da es im Handel aber kein Skateboard gab, das für meine speziellen Bedürfnisse geeignet war, marschierte ich mit Paul, meinem Helfer, kurzerhand in den Baumarkt. Wir luden den Einkaufswagen voller Holz, Schrauben und anderer Teile und bastelten ein paar Tage herum. Dann stand der erste Prototyp. Dieser erwies sich jedoch noch als unbrauchbar. Mit der Hilfe eines befreundeten Schreiners, der unseren Prototyp einer Totaloperation unterzog, zimmerten wir schließlich ein fahrtüchtiges Board zusammen.

Das Board, so viel zum Verständnis, verfügt über einen Elektromotor, da ich aufgrund meiner Behinderung nicht in der Lage bin, mich vom Boden abzustoßen. Ebenso Stützräder an den Seiten und Stangen, um meine Gehstöcke anbringen und mich festhalten zu können. So wollte ich Kurven fahren, ohne vom Board zu kippen. Meine ersten Versuche mit dem Board waren ungelenk, aber schon nach kurzer Zeit gelang es mir, ein Stück geradeaus zu fahren. Nach ein paar Wochen hatte ich den Dreh raus. Ich fuhr nun auch Kurven.

Einer meiner Dozenten hatte wohl Wind von der Sache bekommen, er war selbst begeisterter Skater. Zudem verfügte er über Medienkontakte. So kam es, dass wenig später ein Artikel über mich und mein neues Hobby in einer großen deutschen Wochenzeitung erschien. Das war der Startschuss für eine völlig unerwartete Karriere. Ich erhielt nun eine Medienanfrage nach der anderen. Zuerst stand der Fernsehsender RTL vor meiner Tür, dann fragte der öffentlich-rechtliche Rundfunk an, ein großes Nachrichtenmagazin folgte, und schließlich tauchte ich auch noch im Wissenschaftsmagazin *Galileo* auf. Ich stand nun im Rampenlicht. Plötzlich war ich prominent. Zumindest ein bisschen.

Nachdem das Skateprojekt also ein voller Erfolg geworden war, traute ich mich an die nächste Herausforderung. Schließlich wollte ich ja surfen. Also schrieb ich mehr als 30 Hersteller von Surfbrettern an und fragte sie, ob sie nicht Lust hätten, ein Brett zu entwickeln, das ich mit meiner Behinderung surfen kann. Mein Ziel war es, bei den Allgemeinen Deutschen Hochschulmeisterschaften (ADH) im Wellenreiten teilzunehmen. Diese sollten im Frühsommer 2019 an der französischen Atlantikküste stattfinden.

Die Resonanz auf meine Anfrage war zunächst nicht gerade überwältigend. Einzig die Firma *torq Surfboards* meldete sich. Das deutsche Unternehmen mit Sitz in Portugal war bereit, sich auf das Projekt einzulassen. Mehrere Monate entwickelten wir das Brett, dann flog ich mit meinen Helfern Paul und Jonas nach Portugal, um es endlich auszuprobieren. Schon nach dem ersten Versuch im Meer war klar, dass es nicht funktionierte. Das Brett war eine Fehlkonstruktion. Drei Tage lang versuchten wir verzweifelt, das Board so umzubauen, dass ich es benutzen konnte. Wir verbrachten Stunden in portugiesischen Baumärkten, pendelten zurück zum

Strand, schraubten hier und klebten da etwas, aber es funktionierte nicht. Länger als zwei Sekunden konnte ich auf dem Brett nicht stehen. Frustriert flogen wir zurück nach Deutschland.

Mir drohte nun die Zeit davonzulaufen. Bis zu den Meisterschaften waren es nur noch wenige Wochen. Ohne Brett keine Teilnahme. Meine letzte Hoffnung war ein Kölner Metallbauer, der auf Sonderanfertigungen spezialisiert war. Ich rief ihn an, konnte ihn davon überzeugen, mir zu helfen, und zehn Tage vor Beginn des Wettbewerbs hatte ich schließlich ein Brett, von dem ich glaubte, dass ich damit würde surfen können. Paul und Jonas fuhren mit mir an den Fühlinger See in der Nähe von Köln, um das Brett auszuprobieren. Paul hatte sich eigens eine Choreografie überlegt, wie er mir beim Aufstehen auf dem Brett hilft, während Jonas es am hinteren Ende festhält.

Das Aufstehen auf dem Brett war der schwerste Part. Beim ersten Mal funktionierte es noch nicht, dann aber ging es ein bisschen besser. Nach mehreren Versuchen war klar: Es würde ein verdammt schweres Unterfangen werden, es dauerte einfach viel zu lange, bis ich auf dem Brett aufrecht stehen konnte. Trotzdem schickten wir das gesamte Equipment nach Frankreich. Mir war jetzt alles egal, ich hatte so lange an dem Projekt gearbeitet, dass ich es einfach probieren wollte. Und wenn ich mich dabei vollends blamierte.

Am Wochenende des Hochschulwettbewerbs fuhren wir, Paul, Jonas und ich, nach Seignosse, einem kleinen

Ort in Südfrankreich, direkt am Meer. Wie fast immer bei mir verlief die Vorbereitung auch diesmal nicht ohne Komplikationen. Tags zuvor hatte ich mir bei einem Sturz die Brust geprellt. Nur mithilfe einer gehörigen Portion Schmerzmittel konnte ich bei den Meisterschaften an den Start gehen. Gleich im ersten Heat, wie ein Lauf im Surfen genannt wird, gelang mir eine überraschend gute Leistung. Nie zuvor hatte ich an einer Surf-Competition teilgenommen, aber ich kam mit den Bedingungen erstaunlich gut zurecht und es dauerte nur wenige Sekunden, bis ich auf dem Brett stand. An jenem Tag schlug der Atlantik besonders hohe Wellen, in die ich mich mit dem selbst gebauten Brett stürzte. Die anderen, die am Strand standen, trauten ihren Augen nicht. Niemand hatte daran geglaubt, dass ich es schaffen würde. Nicht mal ich selbst. Aber das selbst gebaute Brett trug mich durch die Wellen, es fühlte sich einfach großartig an und mir gelang sogar der Einzug in die zweite Runde. Dort kam ich dann zwar nicht mehr weiter, aber ich hatte mehr erreicht, als ich mir jemals hätte erträumen können. Bis heute ist mir nicht klar, wie ich meine Läufe auf dem Board so souverän stehen konnte. Aber es gelang mir und ein unbeschreibliches Gefühl der Freude erfasste mich. Ich war wie im Rausch.

Zurück am Strand fiel ich Paul und Jonas in die Arme. Wir waren überglücklich, Tränen standen uns in den Augen. Obwohl es lange ganz und gar nicht danach ausgesehen hatte, dass das Projekt funktionieren würde, hatten sie doch die ganze Zeit an mich geglaubt. Sie hatten mich nicht aufgegeben. Dafür war ich den beiden unglaublich dankbar.

Meine Karriere als Extremsportler mit Handicap nahm nun Fahrt auf. Auf Initiative eines Fernsehmagazins, das mich gefragt hatte, ob ich mir vorstellen könne, an einem Hindernisrennen teilzunehmen, ging ich im September 2020 bei den Mud Masters an den Start. Aufgrund der Corona-Pandemie fiel das Rennen in Deutschland aus, zum Glück konnte aber die Ausgabe in Holland stattfinden. Mit einem Kleintransporter, den ich organisiert hatte, fuhren wir ins Nachbarland.

Das Mud Masters gilt als der größte Hindernislauf der Welt. Auf einer Strecke von 16 Kilometern müssen die Teilnehmer sich durch unwegsames Gelände schlagen und dabei bis zu 70 Hindernisse überwinden. So müssen sich die Läufer durch enge Röhren zwängen oder an armdicken Seilen entlanghangeln, die über Wassergräben angebracht sind. Sie müssen meterhohe Wände überwinden und unter messerscharfem Stacheldraht hindurchkriechen. Zwar hatte es vor mir schon ein paar Behinderte gegeben, die an dem Rennen teilgenommen hatten, aber ich war der erste Rollstuhlfahrer, der es ohne seinen Rollstuhl wagte.

Meine Crew bestand aus sechs Leuten, insgesamt bewältigte ich ungefähr sechs Kilometer von mehreren Händen gestützt und einen Teil der Strecke wurde ich von den Jungs getragen. Immer im Wechsel. Das Ganze war eine ziemliche Tortur. Die Bedingungen in Biddinghuizen widrig zu nennen wäre stark untertrieben. Gerade einmal sieben Grad Außentemperatur hatte es an dem Tag, dazu setzte während des Rennens auch noch Regen ein. Der Regen hatte den Boden komplett aufgeweicht, der Untergrund bestand nur noch aus Matsch. Das Fortkommen war ein Gewaltakt für die Muskeln und für den Kopf, auch die Kälte setzte mir zu, zum Teil wurden mir Wärmedecken umgelegt, weil ich bereits am ganzen Körper zitterte.

Nach etwas mehr als sieben Stunden überquerte ich mit meinem Team die Ziellinie. Ein völlig verrückter Lauf lag hinter uns. Obwohl ich vollkommen fertig war, hatte es mir einen Heidenspaß gemacht, zumal die Stimmung am Streckenrand sensationell war. Die holländischen Zuschauer feuerten die Läufer an – und mich feuerten sie genauso frenetisch an wie meine nicht-behinderten Konkurrenten. Ich genoss das sehr.

Der Erfolg bei den Mud Masters war ein weiterer Beweis dafür, was ich zu leisten in der Lage bin, wenn ich die richtige Unterstützung erhalte. Er war auch der Beleg für meine positive Entwicklung seit dem Sprung vom Turm. Drei Jahre waren seitdem vergangen. Drei Jahre, in denen ich mich aus einem tiefen Tal ins Leben zurückgekämpft hatte. Und das größte Projekt sollte ja erst noch kommen. Der Plan mit Rio und dem Zuckerhut war vermutlich ein bisschen größenwahnsinnig, aber ich wollte meinen ganz persönlichen Gipfelsturm wagen. Bis es so weit war, sollte allerdings noch einige Zeit vergehen. Die Corona-Pandemie legte alle Projekte auf Eis. Sie isolierte die Menschen und brachte die Ge-

sellschaft an den Rand des Zusammenhalts. Ich war gezwungen, zu Hause zu bleiben und die sozialen Kontakte auf ein Minimum zu reduzieren. Quarantäne prägte
unser aller Alltag. Persönliche Kontakte wurden beinahe
unmöglich, körperliche Nähe und Berührungen erst
recht. All das war über Nacht gefährlich geworden.

Für den Großteil der Menschen war diese plötzliche
soziale Isolation eine neue Erfahrung. Nicht für mich.
Für mich war das im Grunde schon immer Normalität.
Ich weiß, wie es ist, isoliert zu sein.

Kapitel 24 – Bölkstoff im WC

Wenn es etwas gibt, auf das die Stadt Köln abgesehen von ihrem ersten Fußballclub ganz besonders stolz ist, dann ist das ihre Weltoffenheit. Der Kölner möchte einen am liebsten gleich an die Brust drücken, wenn man ihm begegnet, und so bleibt man in einer Kölner Kneipe auch nie länger als fünf Minuten allein. Meist wird man schon beim Betreten derselben von den anwesenden Gästen direkt angesprochen und im Rahmen eines Smalltalks ohne Hemmschwellen nach seinem persönlichen Befinden, seinen Motiven, etwaigen Plänen und natürlich auch danach befragt, was man denn nun erst mal trinken möchte. Die Antwort »Kölsch« ist dabei immer richtig. Sobald das erste Kaltgetränk in den seltsamen kleinen Gläsern weggezischt ist, also nach zwei, drei Schlucken, gehört man dazu. Dann ist man Kölner.

Köln ist eine Mitmachstadt. Wer hierherkommt, wer hier lebt, der ist Teil einer Community, einer nicht nur fiktiven, sondern immer wieder aufs Neue besungenen und auch tatsächlich gelebten Gemeinschaft. Oder wie es in einem der lokalen Volkslieder heißt: *Da simmer dabei, dat ist prima.* Dabeisein genügt, dann wird in Köln alles gut. Dieses Grundgesetz hält der Kölner das ganze

Jahr über hoch. Einmal im Jahr, an den Karnevalstagen, wird dieses Grundgesetz in quasireligiöser Verehrung zum Imperativ jeglichen Treibens. Dann schunkelt sich die gesamte Stadt in einen eskapistischen Ausnahmezustand. Es wird gesungen, getanzt, palavert und natürlich getrunken. Überall. Ob draußen, drinnen, in den Gaststätten, auf der Straße, in den großen Festsälen oder zu Hause im Wohnzimmer. Ganz egal. Hauptsache es geht *jeck*, also verrückt und ausgelassen, bunt und gut gelaunt zu. Mit einer beinahe kindlichen Begeisterung trägt der Kölner in dieser von ihm so genannten *fünften Jahreszeit* schrille Kostümierungen, kippelt sich vorzugsweise schon frühmorgens einen leichten Pegel an und hat am Ende des Tages Dutzende wildfremde Menschen kennengelernt, von denen er mindestens der Hälfte um den Hals gefallen ist, mit denen er ausgiebig geschunkelt und eventuell sogar gebützt hat. Karneval in Köln ist eine riesengroße Party, und zwar für alle. Ein ritualisierter Maskenball, bei dem die bürgerlichen Sitten auf Kommando über Bord geworfen und am Aschermittwoch genauso auf Kommando wieder installiert werden. Für all das, was dazwischen passiert ist, sprich: Ausschweifungen, bis der Arzt kommt, bietet die anschließende Fastenzeit bis Ostern genügend Raum zur Buße. Kurzum: Karneval ist ein großer Spaß für all diejenigen, die keine Berührungsängste haben oder ihre Hemmungen mal für ein paar Tage loswerden wollen. Um einen weiteren Kölner Liedklassiker zu zitieren: *Drink doch ene met, stell disch net esu ahn!*

Fast überflüssig zu erwähnen, dass Karneval in Köln für mich das Highlight des Jahres ist. Ich trinke gerne einen mit und ich stelle mich auch nicht an – ich ziere mich nicht. Weder während der närrischen Karnevalstage noch sonst. Und weil das so ist, koste ich die Karnevalszeit in Köln immer voll aus. Das sieht dann so aus, dass ich mich kostümiere, ein paar Freunde organisiere und auf die Straße zum Feiern gehe. Besonders wichtig sind im rheinischen Straßenkarneval die Kostüme – ohne ordentliche Verkleidung geht da gar nichts. Nicht unbedingt die schönsten Menschen sind während der närrischen Zeit die Attraktivsten, sondern die am schönsten Kostümierten. Wer sich richtig Mühe gibt mit der Verkleidung, steht meistens hoch im Kurs – auch beim anderen Geschlecht.

In den sieben Sessionen, also Karnevalszeiten, die ich in Köln mitgemacht habe, habe ich schon die schrillsten Kostüme getragen. Einmal ging ich einfach als Feuerwehrmann, das war fast schon harmlos, ein anderes Mal trat ich als Gelber Engel in Erscheinung, also als Experte vom Abschleppdienst. Dann wiederum habe ich mich als Süßwarengeschäft verkleidet, was schon aufwendiger war, weil ich ziemlich viel Ausstattung dabeihatte und von oben bis unten mit Bonbons beklebt war, mein Rollstuhl natürlich auch.

Ich bin beim Verkleiden ziemlich kreativ, mir macht das unheimlich viel Spaß und der Fantasie sind keine Grenzen gesetzt. Zwei Dinge gilt es für mich zu beachten: Zum einen darf ich keinen Einteiler tragen. Der bei vielen Karnevalisten beliebte Blaumann fällt daher für mich flach, denn im Einteiler kann ich nicht schnell genug zur Toilette gehen, wenn es drängt. Zum anderen muss der Rollstuhl in die jeweilige Kostümierung eingebaut werden. Als ich als Gelber Engel ging, war das kein Problem, der Rollstuhl war mein Abschleppwagen. Als Feuerwehrmann ebenfalls, da baute ich den Rollstuhl mit Schildern und großen Aufklebern kurzerhand zum Löschzug um. Auch als Polizist und Süßwarengeschäft konnte ich den Rollstuhl super in das Kostüm integrieren. Erst recht, als ich in einem Jahr mal als Ben Hur ging und den Rollstuhl zum antiken Streitwagen umfunktionierte. Lustig war auch das Jahr, als ich als Tankstelle verkleidet auftrat. Ich baute aus einem alten Gartenschlauch und einem Besenstiel eine Art Zapfsäule an den Rollstuhl – natürlich waren am anderen Ende Flaschen mit hochprozentigen Mischgetränken angebracht, aus denen dann der »Sprit« lief. Normal, Super und Diesel. Das sorgte bei den anderen Karnevalisten für viel positive Aufmerksamkeit, ich hatte plötzlich viele neue Kunden.

Zweimal griff ich mit meinen Verkleidungen aber richtig ins Klo. So ging ich einmal als Behinderter, saß dafür im grünen OP-Hemd in meinem Rollstuhl, hinten hatte ich eine Krankenakte drangepappt, inklusive meiner Symptome und absurden Therapieempfehlungen (»Alkohol und Küsschen«). Dazu hatte ich einen echten Infusionsschlauch aus der Apotheke an einer 1,5-Liter-Flasche Rum-Cola befestigt. Die Flasche hing an einem selbst gebastelten Infusionsständer an meinem Rollstuhl. So verkleidet mischte ich mich unter das Volk. Die Leute fanden das nicht witzig. Wahrscheinlich verstanden sie die Ironie nicht.

Richtig krachen ließ ich es in dem Jahr, als ich als Todeskandidat ging. Den Rollstuhl hatte ich zum elektrischen Stuhl umgebaut, mit allem Pipapo, Steckdose, elektrischen Kabeln und einem Schalter, an dem man die Voltzahlen für die Hinrichtung auswählen konnte. Dazu trug ich ein Schild um den Hals, auf dem ich zur letztmaligen Gelegenheit aufforderte, mit mir einen zu trinken und mich zu bützen. Es machten nur wenige davon Gebrauch. Nun ja, ein bisschen makaber war Ganze das vielleicht schon, und ich sag es mal so, es war nicht gerade eines meiner erfolgreichsten Kostüme.

Aber was soll's. Gegen einen derben Scherz hier und da ist nichts einzuwenden. Gerade während des Kölner Straßenkarnevals schlagen die Leute ohne Ende über die Stränge, da verwandelt sich die Stadt an manchen Tagen in ein regelrechtes Sodom und Gomorrha. Die berühmt-berüchtigte Narrenfreiheit wird dann sehr ernst genommen. Für einen Menschen mit Behinderung ist das eigentlich die ideale Zeit, um von den üblichen Konventionen befreit das Bad in der Menge zu suchen. An Karneval könnte ich im Grunde das ausleben, was man landläufig unter dem sperrigen Begriff der Inklusion versteht: Menschen mit und ohne Behinderung begegnen sich vollkommen vorurteilslos, schrankenlos und ohne Probleme. So könnte es sein. So ist es aber leider nicht.

Obwohl die Voraussetzungen für eine gelebte Inklusion im Kölner Karneval so günstig sind wie kaum irgendwo anders, sieht die Realität mau aus. Kündet es in kölschen Karnevalsliedern noch so oft von Toleranz, Schrankenlosigkeit und unterschiedslosem Miteinander. Besingen Kultbands wie die Bläck Föös, die Höhner oder Kasalla ihre Stadt ohne Unterlass als Hort der Herzlichkeit und Integration. So wachsen doch gerade im Karneval die Barrieren für Menschen mit Handicap in den Himmel. Ich habe das selbst erlebt.

Erst kürzlich stand ich Rosenmontag wieder vor verschlossener Tür. Während alle anderen fröhlich feierten, musste ich draußen bleiben – weil ich im Rollstuhl sitze. Menschen wie mir wird dann gern gesagt, es sei zu gefährlich in einer vollen Kneipe, man könne das Risiko für mich und den Rest der Gäste nicht verantworten. Dabei sollten Menschen mit Behinderung doch selbst am besten wissen, welches Risiko sie eingehen möchten. Oder sind wir keine mündigen Bürger, nur weil wir im Rollstuhl sitzen oder eine körperliche Einschränkung haben? Muss man der Norm entsprechen, um mitfeiern zu dürfen?

Das Hauptproblem ist meines Erachtens, dass niemand mehr für sein eigenes Handeln Verantwortung übernehmen will und stattdessen anderswo nach Schuldigen sucht, wenn etwas schiefläuft. Eine zunehmende und erschreckende Entwicklung, wie ich finde. Das führt dazu, dass die Menschen immer vorsichtiger werden und die Entfremdung zu- statt abnimmt. Auch wenn es anders propagiert wird.

Ich gebe Ihnen ein Beispiel aus der jüngeren Vergangenheit. Weil ich nach fast zehn Jahren in Köln schon weiß, wie schwierig es ist, als Rollstuhlfahrer in eines der beliebten Kölner Tanzlokale hineinzukommen, hatte ich extra ein paar Tage vorher mehrere von ihnen abtelefoniert, um zu fragen, ob sie ein Problem damit hätten, an Karneval einen Rollstuhlfahrer zu bewirten. Ich rief vor allem jene an, von denen ich bereits wusste, dass sie eine Behindertentoilette haben. In Deutschland verfügen die wenigsten Lokale über eine Ausstattung für Behinderte, was einigermaßen verwunderlich ist, denn wo viel getrunken wird, wird auch viel aufs Klo gegangen. Angesichts der fehlenden Infrastruktur scheinen die meisten Gastronomen aber davon auszugehen, dass dieses Bedürfnis für Rollstuhlfahrer nicht existiert. Oder, und das ist die wahrscheinlichere Erklärung, sie denken gar nicht daran. Aber auch Menschen mit Handicap wollen ein Kölsch trinken gehen und müssen sich danach erleichtern. Jedenfalls beschieden die meisten der größeren Lokale und Clubs meine Anfrage ablehnend, lediglich der Geschäftsführer eines stadtbekannten Clubs erklärte sich bereit, mich an Karneval hereinzulassen. Immerhin.

Derart vorbereitet ließ ich mich an Weiberdonnerstag, dem Auftakt des fünftägigen Straßenkarnevals, von meinem Helfer zu dem Lokal fahren. Dort angekommen wies mich der Türsteher ab. Er hatte wohl noch nicht mitbekommen, dass sein Chef meinen Einlass genehmigte. Jedenfalls musste ich eine Weile mit ihm herumdiskutieren, bis er mich schließlich doch hereinließ. Der Widerwillen des Türstehers war umso verwunderlicher, als in dem Club bei meiner Ankunft so gut wie nichts los war. Ich war extra früh gekommen, bevor die Massen in das Lokal strömten und man mich als potenziellen Risikofaktor ausmachen konnte.

Als ich nach einigem Hin und Her endlich reingelassen wurde, suchte ich wie immer zuerst die Behindertentoilette auf, um meine Gehstöcke dort abzustellen, die ich für den Toilettengang benötige. Ich muss mich gut vorbereiten, wenn ich in die Öffentlichkeit gehe, auch bei so einfachen Dingen wie den Toilettengang. Ohne eine Toilette, auf die ich im Notfall schnell gehen kann, kann ich mich nirgendwo länger aufhalten. Zu meinem Erstaunen war die Behindertentoilette schon mit Getränkekisten besetzt. Das ganze WC stand voller Bölkstoff. Offenbar hatte man kein anderes Zwischenlager gefunden. Für mich bedeutete das, dass ich nur im Keller zur Toilette gehen konnte, was ausgeschlossen war, weil zu rutschig und ich ja im Rollstuhl sitze. Das bedeutete, dass ich nichts trinken konnte – was ziemlich doof ist an Karneval.

Den Spaß wollte ich mir trotzdem nicht verderben lassen. Ich ging zurück auf die Tanzfläche. Allmählich füllte sich der Laden mit Karnevalisten in Hochstimmung. Es wurde enger, lauter und lustiger. Auch meine Stimmung stieg. Als Rollstuhlfahrer zieht man die Blicke auf sich. Dann kamen plötzlich zwei Sanitäter auf mich zu und baten mich, das Lokal zu verlassen. Die Sanitäter waren vom Betreiber des Clubs engagiert worden, sie sollten für die Sicherheit der Gäste sorgen, falls es zu medizinischen Notfällen kommt, was an Karneval nicht gerade selten ist. Stichwort: Komasaufen. Ich sagte den beiden, dass ich nicht die Absicht habe, schon heimzugehen, da ich ja vorhin erst gekommen sei. Sie aber bestanden darauf. Es sei hier jetzt zu gefährlich für mich, sagten sie, zu viel los und ich hätte ja auch bestimmt schon etwas getrunken. Ich erwiderte, dass ich stocknüchtern sei und gerne einen Alkoholtest mache, falls sie einen zur Hand hätten.

Das müssen sie wohl als Akt der Auflehnung empfunden haben, denn nun verfrachteten sie mich eigenhändig aus dem Laden und stellten mich vor der Tür ab, obwohl ich protestierte. Da ich solcherlei Bevormundungen nicht persönlich nehme, unternahm ich einen weiteren Versuch. Ich ging zurück in das Lokal. Kurze Zeit später wurde ich jedoch wieder rausgebracht, dieses Mal von einem Rudel betrunkener Jungmänner, die sich einen Spaß daraus machten, einen Behinderten vor die Tür zu schieben. Mir war angesichts des fortgeschrittenen Alkoholpegels der Cliqué gleich klar, dass Protest hier zwecklos wäre, und so ließ ich mich erneut hinausschieben. Ein drittes Mal kam ich nicht wieder hinein. Der Türsteher verweigerte mir nun kategorisch den Einlass. Auch meinen Hinweis, ich hätte die Erlaubnis des Geschäftsführers eingeholt, beeindruckte ihn nicht mehr. Hier und heute sei für mich Schluss mit Feiern. Ende der Durchsage.

Es dauerte dann fast eine Stunde, bis ich endlich meine orthopädischen Vier-Punkt-Gehstöcke zurückbekam, die im Club zurückgeblieben waren. Der Türsteher ging sie irgendwann widerwillig holen, drückte sie mir in die Hand und empfahl mir, es doch gerne noch mal woanders zu versuchen. Vielleicht würde man mich in einem anderen Lokal reinlassen. Und das sind natürlich genau die guten Ratschläge, die man in so einer Situation braucht.

Wie gesagt, mir ist dergleichen schon unzählige Male passiert. Daher möchte ich den beiden Sanitätern und auch dem Türsteher nichts als gute Absichten unterstellen; sie waren durchaus nicht unfreundlich zu mir, als sie mich rauswarfen und mir danach den Einlass verweigerten. Sie haben nun mal ihre Vorschriften. Was mich stört, ist die Bevormundung. Würde man einen nicht-behinderten Gast so behandeln? Wohl kaum. Das Argument, mich unbedingt vor mir selbst schützen zu wollen, entbehrte ohnehin jeder Grundlage. Während ich nüchtern und im Vollbesitz meiner Sinne vor der Tür bleiben musste, strömten Dutzende reichlich angetrunkene Karnevalisten in den Laden – einige lallten bereits und konnten sich kaum noch gerade auf den Beinen halten. Sie stellten in der Logik der Clubbetreiber offenbar keine größere Gefahr dar. Dafür war ich einmal mehr draußen. Nur weil ich im Rollstuhl saß, verkörperte ich die Gefahr.

Frustriert strich ich die Segel, fuhr mit dem Taxi nach Hause und trank dort noch ein Bier, allein, während in der Stadt und ihren Schunkellokalen Abertausende Promilleapostel das Hochamt rheinischen Frohsinns feierten. Angeblich schrankenlos und ohne jedwede Vorurteile. *Da simmer dabei, dat is prima.*

Wie gesagt, es war nicht das erste Mal, dass man mir derart die Tür wies. So oft hatte ich das schon erlebt. Es war der erneute Beleg dafür, dass es mit der Inklusion bei uns nicht weit her ist. Die Fanfare der Gleichheit spielt in Deutschland nur selten für Behinderte. Auch in Köln bleibt sie oft genug stumm, wenn es darauf ankommt, obwohl die Toleranz doch gerade hier lautstark hochgehalten und verteidigt wird. Gerne wird in diesem Kontext der Schlager *Unser Stammbaum* von den Bläck Föös zitiert. Darin heißt es: »Ich ben Grieche, Türke, Jude, Moslem un Buddhist. Mir all, mir sin nur Minsche, vür'm Herjott simmer glich.«

Vor dem Herrgott mögen alle Menschen gleich sein. Aber nicht vor den Türstehern im Kölner Karneval.

Kapitel 25 – Behinderter Hedonismus

An dieser Stelle will ich auf eine Herausforderung hinweisen. Es handelt sich nicht unbedingt um ein Praxisproblem, eher um ein Mentalitätsproblem, das wir in Deutschland haben. Um es klar zu sagen: Menschen mit Behinderung werden in Deutschland immer noch viel zu häufig diskriminiert. Das betrifft den Umgang mit Behörden oder Institutionen, vor allem aber den Alltag. Der erweist sich für einen Rollstuhlfahrer wie mich oft als ganz normaler Wahnsinn.

Situationen, wie ich sie im vorherigen Kapitel beschrieben habe, erlebe ich nicht nur an Karneval. Auch an einem normalen Freitag- oder Samstagabend ist es verdammt schwer, mit einer körperlichen Behinderung einfach nur das zu tun, was Nicht-Behinderte tun: Ausgehen und Spaß haben. Die Begründungen, mit denen man vergnügungsbereite Rollstuhlfahrer wie mich hierzulande abwimmelt, lauten immer gleich: Es sei für mich zu gefährlich in einem Club. Dabei wird geflissentlich übergangen, dass ich zwar körperlich behindert bin, aber ein erwachsener Mensch und als solcher für mich selbst verantwortlich.

Die zweite Begründung lautet: Mich in eine Kneipe zu lassen sei zu gefährlich für andere. Klar, passieren kann natürlich überall etwas. Es könnte sein, dass ein angetrunkener Gast über meinen Rollstuhl stolpert und sich dabei wehtut, vorausgesetzt, er hat nicht aufgepasst. Genauso gut kann der Gast über eine Türschwelle stolpern, gegen einen Stuhl stoßen oder sich an der Theke so volllaufen lassen, dass er sturzbetrunken heraustorkelt, sich aufs Fahrrad setzt, vielleicht sogar noch mit dem E-Scooter oder mit dem Auto nach Hause fährt und dabei zur Gefahr für sich und andere wird. So was soll ja häufiger vorkommen, ich würde mal schätzen, ungefähr jeden Abend.

Und ich? Dass ich eine Gaststätte oder einen Club mit meinem Rollstuhl in einen gefährlichen Ort verwandele, dieses Argument ist mit Verlaub Schwachsinn. Es zeugt davon, dass man sich gar nicht erst darauf einlassen möchte, einen Menschen im Rollstuhl zu bewirten. Denn das bedarf des Nachdenkens darüber, welche besonderen Bedürfnisse dieser Mensch hat, wie man mit ihm umgehen und ihn einbinden kann – und das ist manchen Menschen zu anstrengend. Sie haben Hemmungen, verharren in ihren Vorurteilen oder wollen sich schlicht nicht in mich hineinversetzen. Stattdessen sehen sie mich an, als wäre ich ein außerirdisches Flugobjekt, für das es keinen passenden Landeplatz auf der Erde gibt.

Das dritte Argument ist deshalb das ehrlichste. Ich höre es zwar eher selten, aber es kommt durchaus vor, dass man mir sagt, ich würde mit meinem Rollstuhl schlichtweg zu viel Platz wegnehmen. Es bedeutet vermutlich nichts anderes als: Du bist hier nicht willkommen. Natürlich können diese Lokale keine Schilder an die Tür kleben, auf denen steht: *Nicht für Behinderte geeignet.* Oder: *Rollstuhlfahrer müssen draußen bleiben.* Im Prinzip funktioniert ihre Einlasspolitik aber nach genau diesen Prinzipien.

Was den angeblichen Mangel an Platz in Gaststätten angeht, habe ich vor ein paar Jahren eine schöne Episode erlebt. Einmal war ich mit ein paar Austauschstudenten von meiner Fakultät in der Kölner Innenstadt feiern. Wieder mal wurde ich an der Tür eines Clubs abgewiesen, und zwar mit ebenjener Begründung: Es sei schon zu voll, mit meinem Rollstuhl könne man mich unmöglich hineinlassen. Einer der Australier traute seinen Ohren nicht, als er das hörte. Ich war eher weniger überrascht. Jedenfalls stellten wir uns ein wenig abseits des Lokals. Mein australischer Bekannter filmte mit dem Handy mehre Minuten lang den Eingang, um zu dokumentieren, wie viele Gäste herauskamen und wie viele hineingingen. Es kamen ungefähr acht Leute heraus, während nur zwei Gäste hineingingen. Mit dem Video in der Hand konfrontierte der Australier den Türsteher. Er fragte ihn, ob denn nun genug Platz sei für mich oder ob er glaube, dass ich den Raum von mehr als sechs Gästen benötige?

Andererseits kann ich die Gastronomen auch verstehen. Viele Gaststätten, gerade in Innenstädten mit ihren historischen Gebäuden, sind nicht barrierefrei.

Schon der Zugang zu ihnen ist oft mit großen Schwierigkeiten verbunden. Ich habe Verständnis für die Wirte, die auf die baulichen und finanziellen Herausforderungen verweisen, die eine Bewirtung von Menschen mit Handicap mit sich bringt. Unmöglich ist das gleichwohl nicht. Manchmal braucht es gar nicht so viel, um eine normale Toilette in eine Behindertentoilette umzurüsten oder kleinere Treppen mit einer mobilen Rampe auszustatten, sodass auch Rollstuhlfahrern der Zugang erleichtert wird.

Und ich habe in gewisser Weise auch Verständnis für die Betreiber von Clubs, denn ich passe nun mal nicht in ihr Geschäftskonzept. In den Clubs scheitert es meistens nicht am barrierefreien Zugang, denn viele von ihnen, gerade die größeren, sind ebenerdig angelegt. Es scheitert vielmehr an der Glücksrendite, für die diese Einrichtungen stehen. Clubs sind Vergnügungstempel. Wer dorthin pilgert, möchte abschalten, vielleicht ein bisschen ausflippen, auf jeden Fall einen perfekten Abend erleben, umgeben von guter Musik und schönen Menschen. Deshalb wirft man sich vorher in Schale, macht sich schick, bringt sich in Stimmung. Auch ich mache mich schick und bringe mich in Stimmung, wenn ich ausgehe. Auch ich möchte ein bisschen abbekommen von der Glücksrendite, die im Club in Form einer durchgefeierten, verschwitzten und rauschhaften Nacht ausgezahlt wird.

Dummerweise entspreche ich weder dem Durchschnittspublikum noch dessen Attraktivitätsideal. Ich passe mit meinem Rollstuhl zwar durch die meisten Clubtüren, aber in keine Schnittmenge. Das ist es jedenfalls, was mir als Behindertem suggeriert wird. Menschen mit Handicap stehen in unserer heteronormativen Gesellschaft automatisch am Rand. Um es ein wenig drastischer zu formulieren: In einem Club bin ich der Störfaktor. Allein durch meine Präsenz – ein behinderter, hilfsbedürftiger Mann im Rollstuhl – störe ich die Illusion der Perfektion, die an diesen hedonistischen Orten kultiviert wird. Mit meinem durch die Tetraspastik verbogenen, krummen Körper erinnere ich die anderen daran, dass das Leben nicht immer gerade und symmetrisch ist. Weil ich mit meinem Äußeren nicht der herrschenden Norm entspreche, herrschen mich die Türsteher an und lassen sich allerlei Ausreden einfallen, um mich abzuwimmeln. Clubs sind Teil der Vergnügungsindustrie, und Menschen mit Behinderung werden in unserer Leistungsgesellschaft leider immer noch mit Problemen assoziiert, nicht mit Potenzial, Spaß und Vergnügen.

Es fehlt in Deutschland nicht nur an Haltegriffen in Toiletten und an mobilen Rampen. Es fehlt auch an entsprechenden Gesetzen und Verordnungen, mit denen Behinderten der Alltag erleichtert wird. Vor allem fehlt es aber an einer unbefangenen Denkweise und an einem gewissen Maß an Erfahrung im Umgang mit behinderten Menschen. Ich vermisse die Bereitschaft, sich stärker auf Behinderte einzulassen, nicht nur ihre Defizite zu sehen, sondern auch die neuen Perspektiven und den Input, den sie einbringen können. Die Gastronomie ist da nur ein Beispiel von vielen.

Vor einem grundsätzlichen Umdenken im Umgang mit Behinderten steht allerdings allzu oft immer noch das widersprüchliche Verständnis von Selbstverantwortung, das wir in Deutschland pflegen: Wir trauen uns selbst alles zu, während wir Behinderten fast nichts zutrauen. Wir nehmen die eigene Freiheit selbstverständlich in Anspruch, sobald wir sie aber anderen zubilligen müssen, droht es, kompliziert zu werden. In anderen Ländern ist man da schon weiter. Indem jedem Menschen ein gewisses Maß an Eigenständigkeit und damit auch an Eigenverantwortlichkeit zugestanden wird – mit allen Konsequenzen für Behinderte und Nicht-Behinderte. Und mit allen Möglichkeiten, die sich daraus ergeben.

Letztlich liegt auch hier der Hase im Pfeffer der Bequemlichkeit. Wie bei so vielen Missständen. Denn Integration bedeutet, dass man sich Mühe geben muss. Dass man selbst anpacken oder einen Schritt zur Seite gehen muss, auch wenn man selbst im Rollstuhl sitzt oder es einem gerade nicht passt. Es bräuchte mehr Mut, mehr Risikobereitschaft, sich auf andere einzulassen. Ausgrenzung und Abschiebung in speziell für behinderte Menschen vorgesehene Einrichtungen ist nur der leichtere und bequemere Weg, aber nicht die Lösung. Wer Menschen mit Handicap die Teilhabe am gesellschaftlichen Leben ermöglichen will, muss das ein oder andere Vorurteil über Bord werfen. Was können wir dabei schon verlieren?

Zugleich, und das ist mir sehr wichtig, müssen wir auch von Behinderten mehr einfordern. Allzu häufig ziehen sich Menschen mit Handicap, Menschen im Rollstuhl und andere nicht-normative Menschen aus Frust über die mangelnde Integrationsbereitschaft ihrer Mitmenschen ins Schneckenhaus zurück und verharren dort verärgert, deprimiert, resigniert. So ging es mir auch eine Zeit lang. Aber das ist keine Lösung. Oft höre ich, dass Behinderte sich darüber beklagen, dass sie behindert werden. Ich erlebe es sogar häufig, dass sie sich aus falschem Stolz nicht helfen lassen wollen, obwohl sie die Hilfe gut gebrauchen könnten.

Ich kenne einige Behinderte, die sich auf ihrem Handicap ausruhen, die ihre Behinderung als Ausrede für alles Mögliche heranziehen und kaum Eigeninitiative zeigen, wenn es darum geht, sich für etwas zu engagieren. Mir ist klar, dass viele Menschen mit Handicap das nicht gerne hören, aber ich sage es trotzdem: Eine Behinderung sollte einen nicht davon abhalten, zumindest den Versuch zur Eigenständigkeit zu unternehmen, unabhängig zu werden und auf eigenen Beinen zu stehen – insofern es der Grad und die Art der Behinderung zulassen.

Nicht jedem Menschen mit Handicap ist diese Möglichkeit gegeben. Manche sind in ihren Möglichkeiten stark eingeschränkt. Aber jene, die in der Lage sind, sich über Diskriminierung zu beklagen, sind meiner Meinung nach auch in der Lage, diesen Missstand zu bekämpfen. Das sollten wir gemeinsam tun – egal ob mit oder ohne Behinderung. Sonst werden wir nie eine vollwertige, inklusive Gesellschaft, in der Freiheits- und Gleichberechtigungsversprechen wirklich für alle gelten. Dieser Kampf hat gerade erst begonnen. Aber er ist es wert, dass wir ihn führen. Wie wertvoll eine solche Gesellschaft ist, wie sehr es sich lohnt, sie anzustreben, das wurde mir wie gesagt bei zahlreichen Auslandsaufenthalten bewusst. Besonders in Australien.

Kapitel 26 – Was bitte ist ein Notetaker?

Durch einen Zufall kam ich im Februar 2012 nach Australien. In Deutschland hatte ich gerade mein fünftes Semester in Sportwissenschaften an der TU München absolviert. Das nächste Semester sollte mein letztes sein. Sechs Semester waren zwar die Regelstudienzeit (mit der Option, bis auf acht auszuweiten), aber die Sozialbehörden hatten in meinem Fall nur die Unterstützung für sechs Semester bewilligt. Wieder so eine zweifelhafte Kuriosität deutscher Bürokraten. Eigentlich könnte man doch meinen, dass einem Menschen mit Handicap eher mehr als weniger Semester eingeräumt werden. Nun gut. Ich musste also in sechs Semestern fertig werden mit dem Studium, ansonsten hätte das Amt die Kosten für meine Helfer nicht mehr bezahlt.

Obwohl ich mit dem Studium fast fertig war, wollte ich unbedingt noch ein Auslandssemester machen. Wie so oft waren die Formalitäten eine Hürde. Normalerweise teilt einem das International Office, also die Abteilung der Uni, die für die Auslandsentsendungen zuständig ist, eine Universität im Ausland zu. Manchmal kann dieser Prozess aber eine Weile dauern. Ich drehte dann den Spieß einfach um, indem ich mich einfach bei allen Partneruniversitäten meiner Universität bewarb. Ich schrieb ihnen eine E-Mail und machte auf meine Situation aufmerksam, nach dem Motto: Mir sitzt die Zeit im Nacken. Große Hoffnung setzte ich nicht in meinen Versuch.

Einige Tage später bekam ich einen Anruf. Es war spätabends, ich saß im Zug nach München, war gerade auf dem Rückweg von Bamberg, wo ich an dem Tag meine Führerscheinprüfung bestanden hatte. Am anderen Ende der Leitung war der Chef des International Office. Er klang erzürnt und fragte mich, ob ich mich selbstständig bei anderen Universitäten beworben hätte, was ich bejahte. Nun, fragte er, wann ich denn bei ihm im Büro sein könne? Ich sagte, dass ich noch im Zug säße und erst um elf Uhr abends in München ankommen würde. Okay, meinte er, dann solle ich sofort zu ihm kommen. Es pressierte offenbar.

Ich befürchtete einen Riesenanschiss, als ich kurz vor Mitternacht bei dem Mann aufschlug. Tatsächlich trug er eine sauertöpfische Miene auf. Meinen Alleingang konnte er wohl nicht gänzlich unkommentiert lassen. Aber dann sagte er mir, dass ich nach Australien gehen könne, wenn ich wolle. Eine der Universitäten, die ich angeschrieben hatte, hatte sich bei ihm gemeldet. Sie wollte mich nehmen. Ich war entgeistert.

Natürlich wollte ich! Aber für einen Menschen wie mich ist ein Auslandsaufenthalt nicht ganz so einfach, eher wie eine Besteigung des Mount Everest für normale

Leute. Als Behinderter macht man das nicht mal eben so. Es galt, in kürzester Zeit einen Haufen Voraussetzungen zu erfüllen und noch mehr Formulare auszufüllen. Nicht einmal zwei Wochen Zeit hatte ich, um alle Formalitäten zu erledigen und mich darum zu kümmern, meine Helfer zu fragen, ob sie mit mir für ein halbes Jahr ans Ende der Welt ziehen. Doch dann kam der Schock. Der gesamte Stapel an Unterlagen, die von der Uni in Australien gefordert wurden, kam zwei Tage zu spät dort an. Die Frist war abgelaufen. Enttäuscht fand ich mich schon damit ab, dass es nichts werden würde mit Australien, fasste dann aber doch neuen Mut und ging begleitet von meinem Cousin, der für einen Tag zu Besuch war, in der Münchener Innenstadt in einen Callshop. Von dort rief ich in Australien an. Zunächst erreichte ich niemanden. Doch ich ließ mich nicht beirren. In den folgenden drei Tagen rief ich mindestens fünfmal in Australien an und ließ mich mit einem halben Dutzend Uni-Verantwortlichen verbinden, bis ich schließlich eine Zusage bekam. Die Queensland University of Technology (QUT) in Brisbane erklärte sich bereit, in meinem Fall eine Ausnahme zu machen. Trotz Überschreitung der Einreichungsfrist für die notwendigen Unterlagen durfte ich das Auslandssemester machen.

Keine vier Wochen, irre viel Papierkram, einen Englischtest und eine Semesterabschlussprüfung später flog ich mit Deniz, einem meiner beiden Helfer, tatsächlich nach Australien. Schon die Ankunft überraschte mich. Wir wurden von einigen Vertretern der Universität herzlich empfangen. Man lud uns auch gleich auf eine Party ein, die noch am selben Abend auf einem Schiff stattfand. Und obwohl wir nach fast 40-stündiger Anreise völlig übermüdet waren, sagte Deniz sofort: »Komm, das nehmen wir jetzt auch noch mit!« Und so gingen wir hin und tranken noch ein Bier. Wir konnten uns kaum auf den Beinen halten, wir waren noch nicht mal richtig angekommen und hatten schon die ersten Bekanntschaften gemacht. Nicht nur was wir von der Landschaft bislang gesehen hatten, war überwältigend. Auch die Freundlichkeit der Australier. So etwas hatte ich bislang noch nicht erlebt.

Zwei Tage später kam dann auch Julian, mein zweiter Helfer, an. Ab der ersten Sekunde fiel mir auf, dass die Australier ganz normal mit mir umgingen, sie begegneten mir auf Augenhöhe. Nicht übertrieben freundlich, sondern freundlich. Nicht bemutternd, sondern hilfsbereit. Nicht übermäßig bürokratisch, sondern pragmatisch. Auch war zu meinem Erstaunen das Niveau an der Universität viel höher als in Deutschland. Zu jeder Vorlesung gab es einen praktischen Kurs. Jede Woche hatten wir ein *Assignment*, also eine Art Hausarbeit mit Prüfung, die am Ende in die Semesterbeurteilung einfloss. Das hatte ich so nicht erwartet. Zugleich waren auch die Dozenten besser. Sie hatten Bock auf ihre Lehre, sie diskutierten gerne und lebhaft mit den Studenten.

Wenige Tage nach meiner Ankunft wurde ich ins Büro des Fakultätsvorstehers gebeten. Er bedankte sich noch mal für meine Bewerbung und sagte mir, dass sie glücklich wären, mich bei sich zu haben. Auch zollte er mir seinen persönlichen Respekt. »Ich finde es toll, dass sich jemand mit einer Behinderung traut, Sport zu studieren.« Wow. So viel Aufmerksamkeit und Zuspruch hatte ich an deutschen Lehranstalten noch nicht bekommen.

Mein Alltag mit der Behinderung lief trotz der großen Entfernung von zu Hause gut. Ich hatte mein Fahrrad und mein Fitnessgerät mitgenommen und mich in Brisbane in einem Fitnessstudio mit Schwimmbad eingeschrieben, so konnte ich auch in Australien mein ganz normales Trainingspensum abreißen. An der Universität schrieb ich mich für den Kletterkurs ein, und weil ich dort der erste Teilnehmer mit Behinderung war, organisierten die Veranstalter extra einen Spezialgurt, mit dem ich klettern konnte. Ohne Brimborium, ohne große Nachfragen. Diese Unkompliziertheit war mir völlig neu. Egal, wo ich hinkam, überall begegneten mir die Leute unbefangen. In der Disco haben die Leute sofort angefangen, mit mir zu tanzen. In Deutschland habe ich in der Disco erst mal nach ein paar Sekunden ziemlich viel Platz um mich herum, weil die Leute sich von mir fernhalten. Und für Deniz und Julian war ich sowieso der beste Wingman aller Zeiten. Egal, wo wir hinkamen, wir bekamen fast immer sofort ein Getränk ausgegeben.

Eine weitere Überraschung war die Situation in den öffentlichen Verkehrsmitteln. Sobald ich an einem Bahnhof oder einer Metrostation ankam, stand da schon jemand mit einem Funkgerät, der mich fragte, wo ich hinwollte. Nachdem er mir den Weg erklärt und mir gesagt hatte, wo ich umsteigen muss, rief er einen Kollegen, der mich dann zum Aufzug und zum entsprechenden Gleis brachte, wo eine mobile Rampe ausgelegt wurde, falls nötig. Dasselbe passierte auch an den Stationen, an denen ich ankam. In Deutschland kann man schon froh sein, wenn es an Bahnhöfen überhaupt einen Aufzug gibt oder wenn der vorhandene Aufzug nicht schon wieder kaputt ist.

Natürlich funktionierte auch in Australien nicht immer alles. Auch dort gab es Gebäude ohne Aufzug oder keine Rampe. Aber entweder gab es dann eine mobile Rampe oder es standen bis zu vier Helfer da, die mich mit dem Rollstuhl die Treppen heruntertrugen. Ohnehin war auffällig, dass die Australier immer die naheliegende Lösung suchten. Und zwar mit Humor. *Easy going.* Bestes Beispiel: Einmal stieg ich in den Bus ein und fragte den Fahrer nach einer Haltestelle in der Nähe einer bestimmten Adresse, zu der meine Helfer und ich wollten. Der Busfahrer kannte die Adresse nicht, ebenso wie ein Fahrgast, der sich einschaltete. Auch ein weiterer Fahrgast wusste nichts von der Station, zu der wir wollten. Irgendwann stand der halbe Bus beim Fahrer und beratschlagte darüber, wo denn diese ominöse Bushaltestelle sein könnte. Dann sagte der Busfahrer plötzlich: »Wisst ihr was, ist doch ganz egal, ob es diese Haltestelle gibt. Ich fahre euch jetzt zu dieser Adresse.« Und so wurden wir mit einem ganz normalen Linienbus zu unserem Wunschort kutschiert, wie die Könige. Niemand von den anderen Fahrgästen beschwerte sich darüber, niemand meckerte über den Umweg. Was für eine coole Aktion.

In Australien fühlte ich mich wie ein anderer Mensch. Ich fühlte mich willkommen. Ich fühlte mich pudelwohl. Ich fühlte mich das erste Mal in meinem Leben normal behandelt. Es war die beste Zeit meines Lebens. Und weil das so war, entschied ich mich kurz vor meinem Rückflug nach Deutschland dazu, noch ein Semester in Australien dranzuhängen. Offenbar hatte ich als Einziger eine Gruppenarbeit in München nicht bestanden und eine zeitgerechte Wiederholung des Seminars war in Deutschland nicht sicher. Ich riskierte mit dem zweiten Australien-Semester also viel, denn ich sollte ja mein Bachelor-Studium innerhalb von sechs Semestern abschließen. Andernfalls drohte mir, sämtliche Leistungen, die ich für die Finanzierung meiner Helfer während meines Studiums erhalten hatte, zurückzahlen zu müssen. Ich ging das Risiko ein. Das war es mir wert.

Der Campus in Brisbane war ein Traum. Im Grunde gab es zwei Campi, jeder davon bestand aus 26 von Palmen gesäumten Gebäuden. Alles war mit modernster Technologie ausgestattet, es gab ein Schwimmbad, Fitnessräume und sogar einen separaten IT-Raum für Menschen mit Behinderung. In dem standen Dutzende Computer, teilweise mit Spracherkennungsprogrammen, Blindenschrift-Drucker, Vergrößerungsgeräte für Sehbehinderte, Sessel mit Massagefunktion zur besseren Erholung. Gleich am ersten Tag an der Uni wurde ich ins Disability Office bestellt, also in die Abteilung, die sich um Studierende mit Handicap kümmert. Dort fragten sie mich, welche speziellen Bedürfnisse ich habe, welche Hilfe ich benötige. Man bot mir auch die Hilfe eines *Notetakers* an. Ich schaute die Dame, die mir davon erzählte, ungläubig an.

»Eines was?«, fragte ich.

»Eines *Notetakers*«, wiederholte sie lächelnd.

Dann erklärte sie mir, dass es sich bei Notetakern um Studenten handelt, die mit einem ohnehin in der Vorlesung sitzen und dort Notizen zum Inhalt machen. Diese Zusammenfassungen der Vorlesung packen diese Studenten dann in ein Dokument, das nachher noch Korrektur gelesen wird, und schicken es ihrem behinderten Kommilitonen zu. Dafür erhalten sie von der Uni eine kleine finanzielle Vergütung. Auf die Art und Weise konnte man sich ganz auf den Dozenten konzentrieren, ohne Sorge haben zu müssen, dass man hinterher ohne Aufzeichnungen dasteht, weil das Aufschreiben bei mir und vielen anderen Behinderten eben viel länger dauert. Was für ein großartiger Service! Was für eine sinnvolle Einrichtung! Muss man sich mal vorstellen. In Deutschland hatte ich davon noch nie gehört.

Auch besprach ich mit der Dame vom Disability Office die besonderen Prüfungsvoraussetzungen für mich. So wollte man sicherstellen, dass ich Prüfungen nur in solchen Räumen absolvieren musste, in denen eine behindertengerechte Toilette in unmittelbarer Nähe war. Zudem bekam ich für jede Stunde Prüfungszeit zehn Minuten Zeit für meinen Toilettengang gutgeschrieben. Das war anscheinend für die Australier normal und absolut nachvollziehbar, dass Menschen mit Behinderung nicht unter denselben Voraussetzungen und in derselben Zeit Prüfungen absolvieren oder zur Toilette gehen können wie Menschen ohne Behinderung. In Deutschland geht meine Toilettenzeit von der Prüfungszeit ab.

Noch etwas lief in *down under* wesentlich besser. Ich lernte eine Menge Frauen kennen. Auch hier war der Umgang mit mir befreiter und unvoreingenommener. Einmal lernte ich eine Frau aus meinem Kletterkurs abends in einer Bar näher kennen. Wir verstanden uns sofort gut, aber ich stellte mich irgendwie ziemlich dämlich an. Jedenfalls wurde nicht mehr daraus. Am nächsten Tag besuchte ich in der Uni ein sportmedizinisches Tutorium zu neurologischen Erkrankungen. Es stellte sich heraus, dass die Frau vom Vorabend die Tutorin war. Sie forderte die fünfzehn Leute im Kurs zunächst auf, sich vorzustellen. Ich war als Letzter an der Reihe. Als ich drankam, sagte sie: »Du musst dich ja eigentlich gar nicht mehr vorstellen. Dich kenne ich noch von gestern Abend.« Der ganze Kurs lachte. Dass mit der Tutorin und mir nichts gelaufen war, wusste ja niemand. Aber das war auch egal. Die Tutorin wusste genau, welchen Effekt ihre Bemerkung hatte. Und ich konnte herzlich darüber lachen.

Mein erster Australien-Aufenthalt war eine Befreiung. Nie zuvor erlebte ich so viel Herzlichkeit, nie zuvor so einen ungezwungenen Umgang mit mir als behindertem Menschen. Ich blühte auf. Sichtbarstes Zeichen dafür war die Tatsache, dass es mir in Australien gelang, mein Fitnesslevel nicht nur zu halten, sondern sogar zu verbessern. Ich erlaubte mir einmal sogar den Spaß, meine Helfer nach Hause zu schieben. Die beiden hatten ein bisschen zu viel getrunken und schon Schlagseite, also machten wir einen Rollentausch: Deniz und Julian setzten sich abwechselnd in den Rollstuhl, ich schob. Es dauerte zwar lange, bis wir ankamen, aber das war völlig egal. Wir hatten einen Heidenspaß.

Eigentlich hatte ich erwartet, dass sich der Auslandsaufenthalt auf meine Spastik negativ auswirken würde. Ich rechnete damit, dass sich mein körperliches Vermögen ohne die heimischen Trainingsbedingungen verschlechtert. Doch das Gegenteil trat ein. Auf meine Behinderung wirkte sich der Australien-Aufenthalt ausgesprochen positiv aus. Einmal konnte ich mich sogar ohne meine obligatorischen Gehstöcke fortbewegen. Wenn auch nur einige Meter, aber dennoch: frei! Vollkommen frei! Was für ein großartiges Gefühl. Spätestens da stand für mich fest: Ich musste zurückkommen in dieses Land.

Kapitel 27 – Königreich für ein Gummiband

Als ich Ende 2012 nach mehr als neun Monaten in Australien wieder in Deutschland ankam, holten mich schon am Flughafen die bekannten Probleme ein. Organisatorisch war es für einen behinderten Menschen viel schwieriger, sich fortzubewegen, das Gepäck abzuholen oder zum Bahnhof zu kommen. Ich merkte gleich, dass ich mich an die Bedingungen in Deutschland erst wieder gewöhnen musste. Irgendwie hatte ich das Gefühl, dass auch mein Gehen sich wieder verschlechterte. Das war zum Teil vielleicht auch ein wenig psychosomatisch bedingt, aber es war auch eine Folge der unterentwickelten Infrastruktur, die wir hierzulande für Behinderte haben. Ich versuchte das so gut es geht zu ignorieren. Nach der Australien-Erfahrung wollte ich unbedingt auch zu Hause den Turbo zünden – dass dann erst einmal eine lange Zeit der Rückschläge beginnen würde, die schließlich in meiner Depression endeten, konnte ich noch nicht wissen. Aber auch aus diesem jahrelangen Tief kämpfte ich mich erfolgreich heraus, denn Rückschläge sind für einen Menschen mit Behinderung nichts Besonderes. Ich würde sogar sagen, sie sind eher der Normalzustand. Man gewöhnt sich daran. Sie sind in meinen Augen manchmal sogar notwendig, denn sie zwingen uns Menschen, über das Vergangene nachzudenken, neue Wege und Lösungen zu suchen. Und sie geben uns die Chance, daraus zu lernen.

Dass ein Rückschlag nicht das Ende der Welt, sondern der Anfang von etwas Gutem sein kann, habe ich erst kürzlich wieder erleben dürfen. Ich brach mir die Hand. Zufälligerweise passierte es während der Karnevalszeit. Mein Helfer und ich hatten uns auf den Weg in die Stadt gemacht, ich lebe ja etwas außerhalb des Zentrums im Kölner Grüngürtel. Unser Plan war, einfach mal zu schauen, ob wir spontan in einen Club hineingelassen werden oder ob wir irgendwo draußen auf der Straße mitfeiern können. Tags zuvor waren wir schon einmal mit dem Taxi in die Stadt gefahren, hatten beim Einsteigen aber meine Gehstöcke auf dem Bürgersteig stehen lassen. Als wir eine gute halbe Stunde später zurückkamen, war nur noch einer der Stöcke da. Den anderen hatten wohl irgendwelche Spaßvögel mitgenommen. So blieb mir nur noch ein Stock und das war eindeutig zu wenig, um mich auf eigenen Beinen fortzubewegen. Mir blieb also nur noch der Rollstuhl.

Als wir an dem Lokal ankamen, wartete bereits eine lange Schlange vor der Tür. Weil ich dringend pinkeln musste, bat ich meinen Helfer, mich zu einem Baum in der Nähe zu begleiten. Wir schlugen uns ein Stück weit in die Büsche, er half mir aus dem Rollstuhl, packte mich von hinten an den Schultern, um mich zu stabilisieren – aufgrund meines Handicaps wäre ich sonst umgefallen –, und ich erledigte die Sache. Als ich fertig war, wollte mich mein Helfer wieder in den Rollstuhl setzen, stolperte jedoch und riss mich zu Boden. Reflexartig hob ich die rechte Hand, um mein Gesicht vor dem Aufprall zu schützen. Dabei fiel mein Helfer – er wiegt hundert Kilogramm – auf mich, in meiner Hand knackte etwas und ich hatte gleich so eine Ahnung. Nach einer schmerzhaften Nacht, in der ich die Hand mittels einer Bandage vergeblich ruhigzustellen versucht hatte, ging ich am anderen Morgen in die Notaufnahme. Dort bestätigte sich mein Verdacht: Mittelhandbruch. Da bei dem Sturz offenbar auch die Sehnen und Bänder in Mitleidenschaft gezogen worden waren, verordnete mir der Arzt eine Gipsschiene. Tragezeit: mindestens sechs Wochen.

Zunächst war mir nicht bewusst, was das bedeutete. Ich hatte eine weitere unruhige Nacht mit großen Schmerzen. Viel schlimmer aber war, was sich in meinem Kopf abspielte. Allmählich wurde mir nämlich klar, welche Folgen das Malheur hatte. Körperlich war ich plötzlich vollkommen eingeschränkt, konnte praktisch nichts mehr allein machen, nicht an meinen Stöcken gehen, nicht aufs Klo gehen, nicht mal meinen Helfern die Tür öffnen, und natürlich auch nicht trainieren. Sechs Wochen ohne Training, das bedeutete, das alles, was ich in den vergangenen Jahren an Muskulatur und Kondition aufgebaut hatte, nun verloren zu gehen drohte. Das hieß, dass mein Zuckerhut-Projekt, das sechs

Monate später stattfinden sollte, durch den Sturz in ernsthafter Gefahr war.

Es war die reinste Vollkatastrophe. An Schlaf war nicht zu denken. Durch die Verletzung war ich mir erneut meiner eigenen Verletzlichkeit, meiner Gebrechlichkeit bewusst geworden, und das ließ mich zweifeln. Übertrieb ich es vielleicht mit meinem Drang danach, unbedingt überall dabei sein oder durch außergewöhnliche Projekte auf mich aufmerksam machen zu wollen? Ließ ich mich von falschem Ehrgeiz leiten? Sollte ich mich vielleicht mehr mit meiner Behinderung abfinden? Mich überkam eine Mischung aus Traurigkeit, Enttäuschung und sogar dem ein oder anderen Gedanken daran aufzugeben. Zum Glück dauerten diese Zweifel aber nicht lange an. Ich bin kein Mensch, der die Flinte schnell ins Korn wirft.

Als ich am nächsten Tag aufstand, hatte ich einen Plan gefasst. Ich begann damit, die Probleme, die mir der Handbruch beschert hatte, systematisch abzuarbeiten. Zunächst besorgte ich im Baumarkt einen Keylocker, also einen kleinen Safe, der vor der Haustür deponiert wird und in dem mein Schlüssel liegt. Das ermöglichte meinen Helfern den Zugang zum Haus und zu meiner Wohnung. In der Regel habe ich zwei Helfer pro Tag: Einer kommt morgens und einer nachmittags, sodass beide Hälften des Tages abgedeckt sind und ich Unterstützung bekomme, wenn ich sie benötige.

Das zweite Problem war wesentlich kniffliger. Denn was das Training betraf, stand ich vor scheinbar unüberwindlichen körperlichen Hürden. Ohne meine Hand einsetzen zu können, zeigte sich das Ausmaß meiner Behinderung umso deutlicher. Ich tat zunächst so, als sei nichts passiert, und versuchte, so zu trainieren wie immer. Morgens ging ich zu meiner Physiotherapie und legte los, doch schnell stellte sich heraus, dass ich meine gewohnten Übungen nicht absolvieren konnte. Ich probierte ein wenig herum, versuchte Ersatzübungen zu finden, um meine Muskeln wenigstens ein bisschen zu belasten, aber irgendwie funktionierte auch das nicht, denn meine gebrochene Hand war hinterher dicker als vorher, fies geschwollen. Vom Physiotherapeuten bekam ich für meine Sturheit zurecht einen auf den Deckel.

Blieb also nur, etwas für meine Kondition zu tun. Fahrradfahren müsste doch wohl möglich sein. Auch mit gebrochener Hand, dachte ich. Doch auch das stellte sich als kompliziert heraus. Durch meine Tetraspastik verkrampfen meine Arme und Beine permanent in Richtung Körpermitte, beim Fahrradfahren müssen die Beine aber auf einer geraden, zum Körper parallel geführten Achse bewegt werden, andernfalls ist ein regelmäßiger Pedaltritt nicht möglich. Um das zu gewährleisten, werden meine Knie mittels Zuggurten von zwei Seiten nach außen gezogen, während ich auf dem Fahrrad sitze und trete. Normalerweise ist auf die Art ein effektives Belastungstraining möglich. Allerdings muss ich mich mit beiden Händen am Fahrradlenker festhalten, um meinen ebenfalls von der Spastik in dauernder Schieflage befindlichen Oberkörper zu stabilisieren.

Und das war mit der gebrochenen Hand ausgeschlossen. Ich überlegte mir also, was man tun kann, und kam bald auf eine Lösung: Einer der beiden Helfer, die mich beim Training immer unterstützen, sollte sich ein weiteres Gummiband um die Hüfte binden, dessen anderes Ende ich um meinen Rumpf legen würde. Zugleich montierten wir an einem Loch in der Decke ein viertes Gummiband, mit dem ich den Arm mit der kaputten Hand fixieren konnte. So schafften wir es schließlich mittels einer recht abenteuerlichen Konstruktion aus Gummibändern, meinen Körper auf dem Heimtrainer zu stabilisieren. Ich konnte also weiter auf dem Ergometer trainieren und zumindest an meiner Ausdauer arbeiten.

Blieb noch das schwerwiegendste Problem: das Krafttraining. Ohne den Einsatz meiner Hände war ich nicht in der Lage, meine Muskeln zu trainieren, also Kraft und Muskelmasse aufzubauen. Wollte ich im Herbst auf den Zuckerhut klettern, musste ich aber dringend Muskelmasse zulegen. Nun drohte ich nicht nur, keine Muskeln aufzubauen, sondern sie sogar zu verlieren. Der *worst case* nahm Konturen an.

Ich hatte eine Idee. Schon einige Jahre zuvor hatte ich von einer Methode gehört, bei der die Muskeln mittels kleiner Stromstöße angesprochen und belastet werden, der sogenannten Elektromyostimulation. Diese EMS-Methode hat den Vorteil, dass sie ohne körperlichen Aufwand, allein durch das Tragen eines die Elektrizität leitenden Anzugs durchgeführt werden kann. Ich las in Studien, dass die EMS-Methode annähernd so effektiv sein soll wie ein hochintensives Krafttraining. Allerdings hatte die Methode auch Nachteile. Zum einen war sie recht teuer und sie steigerte weder die Flexibilität des Bindegewebes, noch stärkte sie die Knochen. Für ein einfaches Rehabilitationstraining sollte EMS aber ideal sein, und weil ich mich an einen Bekannten erinnerte, der Kontakt zu einer Firma hat, die die entsprechenden Anzüge produziert, rief ich ihn an und fragte, ob er mich an jemanden vermitteln könne.

Er konnte. Ein paar Telefonate später hatte ich den Vertreter des Anzugherstellers am Apparat und er bot mir an, ihn in München zu besuchen, ein Probetraining zu absolvieren und einen entsprechenden EMS-Anzug auf meine Bedürfnisse anzupassen. Am nächsten Morgen setzte ich mich um sieben Uhr in den Zug und fuhr nach Bayern. Der Anzug, den der Vertreter der Firma für mich parat hielt, passte fast wie angegossen. Keine 24 Stunden nach dem ersten Telefonat war ich schon wieder zurück in Köln, den neuen Trainingsanzug im Gepäck. Ich konnte es kaum erwarten, damit zu trainieren.

Das Training mit dem EMS-Anzug stellte sich als überraschend effektiv heraus. Ich war nun nicht nur in der Lage, meinen Muskelverfall aufzuhalten, sondern baute sogar zusätzliche Muskelmasse auf. Jedenfalls war das mein subjektiver Eindruck. Bald lag ich mit dem Training für Rio wieder einigermaßen im Plan. Mehr noch, hatte ich durch den Handbruch doch die Lösung für ein Problem gefunden, das mich schon lange beschäftigte, denn bis dato hatte ich nicht gewusst, wie ich meine Beinmuskulatur effektiv trainieren konnte. Gemeinsam mit meinen Physiotherapeuten hatte ich an entsprechenden Übungen seit Monaten getüftelt, war aber auf keinen wirklich tauglichen Ansatz gekommen. Dank des EMS-Anzugs schien dieses Problem nun gelöst. Ich muss der Firma, die den Anzug herstellt, an dieser Stelle ein großes Dankeschön aussprechen, denn sie überließen mir den Anzug unentgeltlich und solange wie ich ihn brauchte. Damit war ich der Realisierung meines Zuckerhut-Projekts wieder einen kleinen Schritt näher gekommen.

So führte das Missgeschick, das mich ereilte, schließlich doch noch zu etwas Gutem. Ich ließ mich von der gebrochenen Hand nicht stoppen, im Gegenteil, ich stürzte mich nun umso mehr in die Realisierung meines Traums. Zugleich machte mir der Rückschlag aber noch etwas anderes bewusst: wie privilegiert ich trotz meiner Behinderung bin.

Es mag sich vielleicht komisch anhören, aber die völlige körperliche Hilflosigkeit, die durch den Handbruch eintrat, und die damit verbundene Abhängigkeit von meinen Helfern, zeigte mir drastisch, wie viel schwerer es jene Menschen haben, deren körperliches Handicap noch ausgeprägter ist als mein eigenes. Es zeigte mir auch, wie sehr ich es in den vergangenen Jahren und Jahrzehnten durch tägliche Physiotherapie, durch diszipliniertes Training und einen enormen Willen geschafft habe, mich von den körperlichen Einschränkungen, die mir durch meine Behinderung auferlegt wurden, zum

Teil zu befreien. Trotz meiner Tetraspastik führe ich ein unabhängiges, eigenständiges Leben. Doch diese Eigenständigkeit hängt permanent am seidenen Faden – auch im Fall meines Kletterprojekts.

Kapitel 28 – Impossible is nothing

Meine Hand heilte im Rekordtempo. Wenige Wochen nach dem Sturz war ich schon wieder zurück in der Kletterhalle und hing, von einem Seil gesichert, in der Wand. Mein Trainingsplan für Rio war durch die Verletzung zwar durcheinandergebracht worden, aber ich war fest entschlossen, den Trainingsrückstand aufzuholen und meine körperlichen Defizite bis zum avisierten Abflug nach Brasilien auszugleichen. Die Zeit drängte. Aufgrund der klimatischen Bedingungen vor Ort und den persönlichen Verfügbarkeiten meiner Teammitglieder gab es für das Projekt nur ein schmales Zeitfenster: den Termin im Oktober 2022. Den wollte ich unbedingt einhalten, da sich das Ganze ansonsten um ein weiteres Jahr verzögert hätte. Und eines stand für mich fest: Ein weiteres Jahr hochintensiven Trainings hätte ich nicht mehr durchgehalten. Schon jetzt war ich beinahe täglich am Limit meiner körperlichen und mentalen Belastbarkeit und oft genug auch weit darüber hinaus.

Neben meiner zahlreichen Verpflichtungen, dem normalen täglichen Training und der Organisation meiner Helfer kam nun auch noch intensives Klettertraining dazu. Zusammen mit Janek und Paul, die beide zu meinem Team für Brasilien zählten, trainierte ich zwei- bis dreimal pro Woche in der Halle in Köln-Ehrenfeld. Auf eine einfache Kletterroute zum Warmwerden folgte dabei eine anspruchsvollere Route. War auch diese bewältigt, kletterte ich die nächsthöhere Schwierigkeitsstufe. In meinem Fall reichte es dafür aus, eine Platte in die Route einzubauen, also das Klettern an einem steilen Berg zu simulieren. Da auch der Zuckerhut steil aufragt, wollten wir uns unter möglichst realistischen Bedingungen vorbereiten.

Die Idee zu dem Zuckerhut-Projekt reifte erstmals im Frühjahr 2019. Den Anstoß dazu lieferte Steffen Hack, ein ehemaliger Zivildienstleistender, der mich während meiner Schulzeit betreut hatte. Steffen, den ich zufällig auf einer Sportmesse traf, schlug mir vor, auf einen berühmten Berg zu klettern, um auf meine Absichten aufmerksam zu machen – etwas zu bewegen. Ich fand den Vorschlag reizvoll. Anderntags marschierte ich gleich zu Mirjam Limmer ins Büro. Mirjam arbeitet unter anderem als Kletterdozentin an der Sporthochschule. Obwohl ich keinen Termin bei ihr hatte, hörte sie mir gebannt zu. Auch sie war von der Idee direkt begeistert. Die Wahl fiel dann recht schnell auf den Zuckerhut. Er zählt zu den spektakulärsten und beliebtesten Kletterspots in Südamerika. Trotz seiner geringen Höhe von 396 Metern galt er lange auch als einer der anspruchsvollsten. Selbst der Österreicher David Lama, bis zu seinem frühen Tod im Jahr 2019 einer der erfahrensten Extremkletterer der Welt, bezeichnete den Zuckerhut als »wirklich einzigartig«.

Der Pão de Açúcar , wie er auf Portugiesisch genannt wird, liegt auf der Halbinsel Urca gleich neben Traumständen wie der Copacabana und Ipanema. Der domartige Felsen wächst steil aus dem Meer empor. Seine ungewöhnliche Gestalt entstand durch die Erosion der äußeren Gesteinsschichten vor mehr als 500 Millionen Jahren. Wie Zwiebelschalen blätterte der Felsen damals ab und gab die heutige Form des Zuckerhuts frei. Der Felsen besteht aus einem besonderen geologischen Material: Granit. Granit ist ein sehr hartes Gestein mit scharfen Kanten. Zudem erlaubt die Struktur des Felsens nur kleine Griffe und Tritte. Die tropisch-feuchte Hitze sorgt dafür, dass die Wände bis zur Mittagszeit glühend heiß werden und die aus dem Meer aufsteigende Salzluft lässt die Kletterhaken im Nu rosten. Das macht den Zuckerhut zu einem schwierig zu begehenden Berg.

Für mich gleich doppelt schwierig, denn meine Behinderung verkompliziert jede einzelne Bewegung. Braucht ein normaler Kletterer für die knapp 400 Meter Aufstieg ungefähr sechs Stunden, veranschlagte ich bis zu zwanzig Stunden. Morgens um vier Uhr wollten wir losklettern, um spätestens kurz vor Mitternacht oben anzukommen – um diese Zeit fährt die letzte Seilbahn von der Gipfelstation ins Tal. Würden wir zu spät kommen, hätten wir ein Problem, denn am Berg übernachten konnten wir aus Sicherheitsgründen nicht. In dem Fall hätte uns ein Rettungshubschrauber abholen müssen.

Mirjam, die Bergführerin, war dennoch zuversichtlich, dass wir den Zeitplan würden einhalten können. Sie glaubte sogar, dass wir es schneller nach oben schafften. Ich gebe zu, dass sich mein Optimismus diesbezüglich in Grenzen hielt. Aber ich war für jede Aufmunterung dankbar, denn das Projekt war ohnehin äußerst ambitioniert.

Der Pão de Açúcar – übrigens nicht zu verwechseln mit dem wenige Kilometer stadteinwärts gelegenen Corcovado und seiner berühmten Christusstatue – bietet klimatisch ganz ordentliche Kletterbedingungen für mich. Zwar würde mir die Hitze zu schaffen machen, doch Kälte würde meinen Gelenken noch viel mehr schaden. Ein Gipfel in den Alpen war daher von Anfang an ausgeschlossen. Und so stand der Plan, in Rio de Janeiro etwas Außergewöhnliches zu vollbringen, schon recht bald. Lustigerweise bot mir das Kletterprojekt auch die Chance, die Scharte auszuwetzen, die meine gescheiterte Kampagne für die Teilnahme an den Paralympics 2016 hinterlassen hatte. Rio war also gleich in zweifacher Hinsicht der perfekte Ort für mein verrücktes Unterfangen. Darüber hinaus erinnerte ich mich auch daran, dass Steffen mir zu meinem 18. Geburtstag ein T-Shirt geschenkt hatte, auf dem folgender Slogan prangte: *Impossible is nothing*. Nichts ist unmöglich. Was für ein Zufall. Genau dieser Slogan war in den vergangenen zwei Jahren seit dem geglückten Sprung vom Turm zu meinem Motto geworden.

Ich schrieb also ein erstes Konzept, das ich dann mit Mirjams Hilfe immer weiter ausarbeitete. Unser Kletterteam sollte aus vier Leuten bestehen, Janek, Paul, Mirjam und ich. Wir brauchten pro Person ungefähr 15 Kilo Material, darunter Karabinerhaken, Kletterhaken, Expressschlingen, Klemmkeile, Sicherungsgeräte, Rucksäcke und Brustgurte. Dazu kamen Helme, Klamotten, Schuhe, Stirnlampen, Notfallkits, jede Menge Verpflegung, sowie mehrere Hundert Meter Seile. Allein für mich planten wir mit zehn bis fünfzehn Paar Kletterschuhen. Die waren nötig, weil ich mit meiner Behinderung nicht so präzise auftreten kann wie Kletterer ohne Handicap. Sehr oft schleifen meine Füße über den Felsen, während ich mich hochwuchte. Dadurch scheuern meine Schuhe schnell durch. Insgesamt belief sich das Equipment, das nach Brasilien verfrachtet werden musste, auf mehrere Hundert Kilo Ausrüstung.

Ein bis zwei Tage zur Akklimatisierung waren nach der Ankunft in Rio eingeplant. Während dieser ersten Tage begingen Mirjam, Janek und Paul den Berg, um zu schauen, ob das Projekt machbar ist und welche Route die beste sein würde. Dann blieben noch sechs bis sieben Tage des Trainings vor Ort, gefolgt von zwei Ruhetagen. Erst dann kam der Tag des Aufstiegs. Entscheidend würden die Wetterbedingungen an diesem Tag sein. Nicht zu heiß und kein Regen. Dumm war nur, dass der Zuckerhut im militärischen Sperrgebiet liegt. Wir brauchten also eine Genehmigung der lokalen Behörden, um mit unserer Ausrüstung überhaupt bis an den Berg heranfahren zu dürfen. Auch das nächstgelegene Hospital war von mir vorab gebrieft worden, nur für den Fall, dass etwas passieren sollte. Ich wollte, dass ein Notfallteam schnell vor Ort sein konnte. Wenn alles glattging, würden wir bald nach dem Gipfelsturm wieder nach Deutschland zurückfliegen.

Das ganze Projekt war eine Gleichung mit unzähligen Variablen. Es konnte so vieles schiefgehen. Nur ein Faktor musste nicht stimmen, schon wäre die Unternehmung zum Scheitern verurteilt gewesen. Abgesehen von den ganzen externen Faktoren wurde im Vorfeld aber eine Sache immer kritischer: meine Fitness. Mein schiefer Rumpf sorgte für Probleme, auch war meine rechte Hand deutlich schwächer als die linke Hand. Die fehlende Kraft in der rechten Hand und die Krümmung des Rückens führten dazu, dass ich trotz eines vorhandenen Griffs und eines relativ festen Tritts oft nicht in der Lage war, mich nach oben zu wuchten. Ich konnte also nur bedingt effektiv aus den Beinen klettern. Dieses fundamentale Bewegungsdefizit versuchte ich im Vorfeld durch gezieltes Training auszugleichen. Dabei stellte ich fest, wie viele meiner ursprünglichen Fähigkeiten ich im Laufe der vergangenen Jahre eingebüßt hatte. Ich war längst nicht mehr so beweglich wie noch mit Mitte 20. Die einzige Lösung war daher, mein ohnehin schon hartes tägliches Trainingspensum zu verdoppeln. Auf das normale Mobilisierungstraining kam nun auch noch das kletterspezifische Bewegungstraining obendrauf.

Die Corona-Pandemie tat dann ihr Übriges. Durch sie hatte sich das Projekt ohnehin immer wieder verzögert. Aus einem Jahr Vorbereitung wurden schließlich drei. Und da ich offiziell kein Leistungssportler war, erhielt ich zu einigen Trainingsstätten zeitweilig keinen Zutritt mehr. Monatelang stand ich während des Lockdowns weitgehend ohne Trainingsmöglichkeiten da. Erst als die Corona-Regeln gelockert wurden, konnte ich wieder voll ins Training einsteigen.

Und noch etwas anderes kam hinzu. Durch die lange Phase des Wartens wurde es für mich immer schwerer, meine Motivation hochzuhalten. Mich belasteten auch die ständigen Ungewissheiten, ob meine Helfer und vor allem Mirjam, die Bergführerin, sich für das Projekt beruflich freinehmen konnten. Zwar finanzierte ich die Reise mit der Hilfe von Sponsoren aus meinem privaten Umfeld, aber Mirjam, Paul und Janek bekamen kein Geld, sie machten das alles ehrenamtlich. Umso dankbarer war ich, dass sie mit ihrem jahrelangen Einsatz den Kletterversuch überhaupt erst ermöglichten. Sie opferten einen erklecklichen Teil ihrer Freizeit, um mit mir in der Halle und am Felsen zu trainieren, mich zu coachen und mich immer wieder in persönlichen Gesprächen zu motivieren. Vor allem in jenen Phasen, als es so aussah, als ob das Projekt platzen könnte.

Gerade die Suche nach Sponsoren gestaltete sich als schwierig. Mindestens 50 Unternehmen schrieb ich an und erzählte ihnen von meinem Vorhaben. Darunter große Sportartikelhersteller, Softwareunternehmen, Versicherungen, Brauereien, Chemieriesen, im Grunde alle nationalen und lokalen Firmen und Konzerne, die auch sonst im Sportsponsoring tätig sind. Doch die Resonanz war wieder einmal gleich null. Kaum ein Unternehmen war bereit, einen Menschen mit Handicap bei einem solchen Projekt zu unterstützen. Eine herbe Enttäuschung.

Besonders makaber war die Antwort eines weltweit bekannten Brauseherstellers. Die Firma, die einen wesentlichen Teil ihrer PR mit Sponsoring riskanter Extremsportarten bestreitet, sagte mir mit der Begründung ab, dass es schlecht für ihr Image sei, falls mir als behindertem Menschen bei dem Kletterversuch etwas zustoßen würde. Diese Bedenken hat das Unternehmen offenbar nicht bei all den anderen Athleten, die es sponsert, und die immer waghalsigere, zum Teil lebensgefährliche Abenteuer bestreiten.

Mir ging es mit dem Projekt keineswegs darum, mein Leben zu riskieren oder etwas besonders Verrücktes zu machen. Mir ging es darum, ein positives Beispiel für Behinderte, aber auch für Nicht-Behinderte zu geben. Ich wollte zeigen, dass man trotz widriger Voraussetzungen etwas scheinbar Unmögliches schaffen oder es zumindest probieren kann.

Dass die Zuckerhut-Besteigung mich dabei schon im Vorfeld an die Grenze des Zumutbaren brachte, hatte ich nicht absehen können. Mehr als einmal war ich im Laufe der dreijährigen Vorbereitungszeit kurz davor, alles hinzuschmeißen, weil ich körperlich in bisher nicht gekanntem Maß erschöpft war. Noch bevor ich einen einzigen Fuß auf den Zuckerhut gesetzt hatte, wusste ich, dass dies das mit Abstand härteste Projekt sein würde, das ich jemals begonnen hatte. Aufgeben war für mich dennoch keine Option. Einmal sagte Mirjam zu mir:

»Den Berg bezwingt man nicht nur mit Training, man bezwingt ihn vor allem mit dem Kopf.« Genau das war meine große Stärke. Ich wusste, dass ich von meinen körperlichen Voraussetzungen eigentlich nicht in der Lage war, den Zuckerhut zu besteigen. Ich wusste aber auch, dass ich meine Defizite durch mentale Stärke ausgleichen konnte. Das hatte bislang schon so oft funktioniert. Und warum sollte es diesmal in Rio nicht auch wieder so sein?

Kapitel 29 – Club der Besten

Am Abend des 29. Oktober 2021 leuchtet der Olymp besonders hell. Zwei Dutzend Scheinwerfer tauchen die Bühne vor dem Hotel an der Costa del Sol in gleißendes Licht, davor haben es sich rund einhundertfünfzig Menschen in weißen Ledersofas bequem gemacht, die meisten von ihnen sind jung, braungebrannt und durchtrainiert. Sie haben keine Ahnung, was sie als Nächstes erwartet. Auf dem Programm für den Abend steht nur ein Name. Johannes Grasser. Dass gleich ein Typ im Rollstuhl auf die Bühne kommt, ein Tetraspastiker mit quasi teil-gelähmten Armen und Beinen, der seinen Rollstuhl nicht gut selbstständig schieben kann, um ihnen von seinen *Extremsportabenteuern* zu erzählen, und davon, was ein Mensch zu leisten vermag, wissen sie nicht.

Die Braungebrannten und Durchtrainierten, die da im Publikum sitzen, kennen sich mit Höchstleistungen aus. Das ist ihr Job. Es sind die Goldmedaillengewinner der Paralympics und die Medaillengewinner von den Olympischen Spielen und der Winter-Weltmeisterschaften 2021. Topathleten, die jeden Tag daran arbeiten, das Optimum aus ihrem Körper herauszuholen, die beruflich an ihre physischen und mentalen Leistungsgrenzen gehen – und von denen die meisten auch noch verdammt gut aussehen. Die Sportelite ist für eine Woche in einem schicken Hotel an der Costa del Sol zusammengekommen, um sich beim *Club der Besten* feiern zu lassen. Und nun warten die Olympioniken darauf, dass etwas passiert. Dass die leere Bühne sich füllt und jemand in den hellen Scheinwerferkegel tritt. Sie warten auf mich.

Ich sitze etwas abseits der Bühne im Dunkeln und kämpfe mit dem Lampenfieber, etwas, das ich eigentlich nicht von mir kenne. Eine gewisse Nervosität kenne ich, aber Lampenfieber wie dieses Mal, das ist mir neu. Vom Meer weht eine sanfte Brise herüber, im Hintergrund schaukeln die Blätter der Palmen im Spätsommerwind. Es ist jetzt schon ein paar Sekunden her, dass die Moderatorin meinen Auftritt angekündigt hat; höflicher Applaus brandete auf. Nun schaut sie zu mir herüber. Sie will wissen, wo ich bleibe. Im Publikum drehen sich einige Köpfe in meine Richtung. Ich fühle die Anspannung, aber ich muss da jetzt hoch.

Mein Helfer Deniz schiebt mich langsam Richtung der Rampe, die von links zur Bühne führt. Als ich gerade auf die Rampe zurolle, brüllt jemand von der Seite meinen Namen.

»Hey, Johnny! Warte mal kurz!«

Es ist Hannes Ocik. Ein baumlanger Blonder mit imposanten Schultern und Händen wie Windrädern. Ocik ist zu diesem Zeitpunkt noch Schlagmann im Deutschlandachter, dem Paradeboot des deutschen Ruderverbandes, der zu den erfolgreichsten Ruderverbänden der Welt zählt und bei Olympischen Spielen bislang immer als verlässlicher Medaillenlieferant gilt. Ocik sitzt mit ein paar Ruderkollegen auf einem Sofa und prostet mir mit seinem Glas zu. Er macht einen Scherz, um mich zu motivieren. Die anderen nicken mir ebenfalls aufmunternd zu. Ich nicke zurück, schaue etwas verdattert zu ihnen herüber und vergesse für einen Moment meine Nervosität. Was für eine nette Geste, schließlich kenne ich die Jungs erst seit ein paar Tagen.

Es sind diese spontanen, unverkrampften Gesten, die mir Normalität vermitteln. Plötzlich fühle ich mich sicher. Wie vor einem gefährlichen Sprung, den ich schon hundert Mal im Kopf durchgegangen bin, lasse ich mich im Kopf fallen und vertraue ganz einfach auf mich und meine Fähigkeiten. »Komm, Johnny. Du packst das«, denke ich. »Du legst da jetzt einen richtig guten Auftritt hin!« Plötzlich freue ich mich auf die Aufgabe. »Denk' nicht daran, was du in den letzten Tagen und Wochen gedacht hast.« In den Wochen zuvor war ich mental durch ein Wellenbad gegangen.

Deniz schiebt mich auf die Bühne. Das Licht der Scheinwerfer ist heiß. Ich richte mir das Mikrofon ein und fange an zu erzählen. Es fühlt sich jetzt richtig gut an. Alle Augen sind auf mich gerichtet. Ich genieße die Aufmerksamkeit, rede fast eine Stunde lang über mein Leben mit Handicap, erzähle den Olympioniken von meinen verrückten Aktionen und berichte auch von meinen Höhen und Tiefen. Nachdem ich meinen Vortrag geschlossen habe, gibt es noch eine Fragerunde mit der Moderatorin. Die Sportler im Publikum stellen mir interessante, unerwartete Fragen. Fragen die mich noch lange beschäftigen. Dann bade ich im Applaus. Ich spüre den warmen Sommerwind, der vom Meer herüberweht, und fühle mich sehr erleichtert.

Als ich von der Bühne runterfahre, kommen einige der Athleten auf mich zu und bedanken sich dafür, dass ich ihnen meine Geschichte so offen erzählt habe. Mit einigen von ihnen tausche ich Telefonnummern und Instagram-Kontakte aus. Ich genieße es, dabei zu sein. Für mich fühlt sich das an, als hätte ich eine Goldmedaille gewonnen.

Vor keinem Vortrag hatte ich mir in den Wochen vorher so viele Gedanken gemacht. Ich wusste nicht, was ich den Spitzensportlern erzählen soll, schließlich haben die schon so viel mehr geleistet als ich, dachte ich – und fragte mich: »Was hast du da verloren?« Kurz hatte ich sogar überlegt, abzusagen und nicht nach Malaga zu fahren. Es erschien mir einfach eine Nummer zu groß. Zwar hatte ich schon viele Vorträge gehalten, aber noch keinen wie diesen. Sonst spreche ich in Hörsälen, vor Schülern, Handelsvertretern, mittleren Angestellten oder Führungskräften, von denen ich weiß, dass ich ihnen mit meiner Geschichte einen gewissen Mehrwert bieten kann. Aber bei diesen Spitzenathleten, da war ich mir unsicher.

Meine Zweifel waren unbegründet. Die Woche in Malaga stellte sich als voller Erfolg heraus. Mein Vortrag war dabei nur der Höhepunkt – ein weiterer Beleg dafür, dass ich Menschen bewegen kann. Und es hat selbst mir einmal mehr gezeigt, dass mein Handicap mich nicht davon abhält, ein normales Leben zu führen. Es geht so vieles, wenn man sich nur traut. Wenn man seine Ängste überwindet und einfach mal macht. Und das ist meine Spezialität: machen, was niemand von mir erwartet.

Die Gelegenheit dazu bot sich beim Club der Besten schon am ersten Abend. Es gab eine Party am Strand, alle waren eingeladen, behinderte und nicht-behinderte Olympioniken. Als ich kam, waren auch ein paar der paralympischen Sportler da und standen am Rand. Der eine oder andere traute sich mit seinem Rollstuhl auf einem Holzsteg bis dorthin, wo der Sand begann, und all die Nicht-Behinderten ausgelassen tanzten. Das war es dann aber auch. Die meisten drehten bald wieder um und rollten auf ihr Hotelzimmer. Ich nicht. Die Party ging gerade erst los. Aus den Boxen dröhnte laute Musik, eine Prise Salz lag in der Luft und der Geschmack von Freiheit.

Also bat ich Simon und Deniz, meine Helfer, mich im Rollstuhl auf den Strand zu tragen und mich mittendrin abzustellen. Obwohl meine Arme den Rollstuhl nur schwer bewegen können – durch die Muskelspannung bekomme ich kaum Druck auf die Räder – versuchte ich zu tanzen, so gut es eben geht. Dann bat ich Deniz und Simon, dass sie mir aufhelfen und mich halten, damit ich im Stehen tanzen konnte. Schweißtreibend und anstrengend war das, aber wir hatten Spaß, alberten herum und tanzten ausgelassen zur Musik. Ab und zu fielen wir in den Sand und amüsierten uns darüber. Es sah bestimmt nicht nach einer bühnenreifen Tanzvorstellung aus, was wir da trieben, aber uns stand die ganze Zeit ein Grinsen ins Gesicht geschrieben. Wir genossen die gemeinsame Zeit und es war mir ganz egal, was andere von mir dachten. Die anderen schauten zwar erst einmal blöd, wie so oft, aber nach und nach schauten sie nicht mehr. Sie freuten sich einfach, dass ich dabei war.

Es war einer jener Schlüsselmomente, die man manchmal im Leben hat. Noch bevor ich einen Fuß auf den Zuckerhut gesetzt hatte, fühlte ich mich bereits als Sieger. Egal, wie das Projekt ausgehen würde, ob ich es schaffte oder ob ich am Berg scheiterte – ich hatte schon mehr erreicht, als ich mir erträumt hatte. Fast drei Jahre intensiver Planung hatte ich in das Projekt investiert. Drei Jahre härtestes Training. Drei Jahre zwischen Hoffen und Bangen. Lange stand das Abenteuer in Rio auf der Kippe, doch letztlich fügte sich alles zusammen und ich konnte meine *mission impossible* tatsächlich beginnen.

Allein schon den Versuch zu unternehmen war für mich ein Erfolg. Dass ich nicht unbedingt oben ankommen musste, um als Sportler und als Mensch akzeptiert zu werden, wurde mir aber bereits an jenem Abend an der Costa del Sol bewusst. Umgeben von strahlenden Siegern, von Gewinnertypen, die mich dennoch als einen von ihnen betrachteten: als einen Sportler, der gerne Vollgas gibt, der immer alles gibt und dabei an seine Grenzen geht, so wie die anderen im Club der Besten. Ganz gleich ob mit oder ohne Behinderung. Ich habe es geschafft.

Und so musste ich an diesem Abend an etwas denken. Ich sagte es mir in meinem Kopf immer wieder vor und ich lächelte zufrieden dabei: Ich bin Johnny Grasser. Mensch. Sportler. Behindert.

Kapitel null

Zum Schluss begebe ich mich noch mal auf dünnes Eis. Ich möchte über das Wort Behinderung sprechen. Vielen Menschen gilt es als toxisch, sie fassen dieses Wort nur mit spitzen Fingern an, denn die meisten Menschen verbinden etwas Negatives damit. Aber wieso eigentlich? Warum passiert es mir als Betroffenem sehr oft, dass ich im Gespräch mit Menschen eine ausgeprägte Abwehrhaltung gegenüber dem Begriff Behinderung bemerke? Offenbar meist deswegen, weil die Leute unsicher sind, ob sie den Begriff überhaupt verwenden dürfen oder ob er nicht bereits diskriminierend ist. Ich sage hier klar: Mir ist es vollkommen egal, wie man meinen Zustand nennt. Ob nun Behinderung, Handicap oder Bewegungseinschränkung. Entscheidend ist vielmehr die Haltung, die ein Mensch mir gegenüber an den Tag legt. Ob er aufgeschlossen ist und mir ganz normal begegnen kann oder ob er Hemmungen hat, herumdruckst oder mir einfach aus dem Weg geht. Letzteres ist leider häufig der Fall. Eine Behinderung, so scheinen viele Menschen zu meinen, ist etwas, dass einem auf gar keinen Fall passieren darf und das man unbedingt vermeiden muss.

Behinderung passiert aber. Bei der Geburt, nach einem Unfall oder durch eine Krankheit. Auch im Zeitalter der Präimplantationsdiagnostik, wo Föten mit einer Behinderung erkannt und abgetrieben werden können, kommen immer noch behinderte Menschen zur Welt – weil sich Eltern bewusst für ihr behindertes Kind entscheiden. Und das ist gut so. Denn Behinderung ist nicht per se etwas Schlechtes. Jedenfalls nicht schlechter als die Defizite und das Unvermögen mit dem nicht-behinderte Menschen sich so herumplagen. Und das sind ja in der Regel auch nicht gerade wenige.

Ich stelle hier mal eine gewagte These auf: Jeder Mensch ist behindert auf seine ganz eigene Art und Weise. Jeder Mensch hat Defizite und Dinge, die er nicht gut beherrscht. Fragen Sie sich einmal selbst, welche Defizite Sie haben, welchen Hemmungen Sie unterworfen sind, welchen Grenzen Ihr individuelles Handeln und Denken unterliegt. In gewisser Weise ist doch jeder von uns ein Stück weit behindert. Man sieht es nur nicht jedem an, so wie man es mir ansieht. Ich vergleiche das gerne mit einer Baustelle, der man auf der Autobahn begegnet. Eine Baustelle steht im Weg, sie kostet Zeit und sie nervt. So ist es häufig auch, wenn wir Menschen mit Behinderung begegnen. Wir haben dann erst mal eine negative Assoziation, schwanken womöglich zwischen Mitleid und Verunsicherung, stoßen quasi auf eine »menschliche Baustelle«.

Apropos Autobahn. Es gab mal vor ein paar Jahren eine Plakatkampagne des Verkehrsministeriums, die an Autobahnen auf die Gefahren des Rasens hinweisen wollte. Auf den Plakaten wurden Menschen gezeigt, die nach einem Unfall eine schwere Verletzung davongetragen hatten. Abgebildet waren Versehrte. Fiktive Unfallopfer mit Arm- oder Beinprothese, auf einem der Plakate war ein Gelähmter im Rollstuhl zu sehen. Darunter stand der Slogan: »Runter vom Gas!«

Der Eindruck, der hier erweckt wurde, ist ziemlich eindeutig: Wer etwas Verbotenes tut (Rasen), der muss mit schlimmen Konsequenzen rechnen (Behinderung). Durch diese Kausalität wird Behinderung automatisch im Bereich des Schrecklichen verortet. Schlimmer noch, die Unfallopfer auf den Plakaten des Verkehrsministeriums wurden nicht komplett gezeigt. Es waren lediglich Rumpf, Unterleib oder ein offenbar männlicher Körper im Rollstuhl zu sehen. Die Gesichter fehlten. Den Behinderten wurde also eine individuelle Identität verwehrt. Stattdessen beschränkte sich die Kampagne auf die Darstellung versehrter namenloser Körper. Behinderte, so suggerierten es die Plakate, sind Menschen, die niemand haben will und die keiner braucht. Ein schreckliches Beispiel für die Unbedachtheit, mit der selbst Behörden immer noch mit dem Thema Behinderung umgehen und Vorurteile gegenüber Behinderten im öffentlichen Raum zementiert werden.

In meinen Augen ist Behinderung etwas anderes: etwas Positives! Mein Anderssein animiert mich dazu, andere Wege zu gehen, anders zu denken, meine Umwelt anders wahrzunehmen, als nicht-behinderte Menschen das tun. Klar, meine Behinderung erfordert von mir ein etwas anderes Leben, als es der Durchschnittsdeutsche führt. Aus der Sicht eines Behinderten sieht die Welt eben anders aus, meine Perspektive entspricht nicht unbedingt der Norm. Aber ich bin ein Mensch wie jeder andere, lediglich mit einer Bewegungseinschränkung. Und ich sehe es absolut nicht ein, mich von dieser Einschränkung behindern zu lassen.

Rückschläge, Niederlagen, Enttäuschungen erscheinen immer erst einmal als etwas Negatives. Das Gute daran sieht man nicht sofort, sondern vielleicht erst nach Monaten oder Jahren. Ich habe die Erfahrung gemacht: Man findet immer etwas Positives, auch im Scheitern. Man muss nur bereit sein, danach zu suchen. Eine gewisse Unvoreingenommenheit und Offenheit für Kritik sind dabei unerlässlich, um Anreize zu erhalten, sich weiterzuentwickeln.

Wenn mir mal die Motivation fehlt, stecke ich mir kleinere Zwischenziele, um vorwärtszukommen. Auf dem Weg dahin suche ich mir persönliche Highlights, die nichts mit dem eigentlichen Ziel zu tun haben müssen, um wieder Freude und neue Motivation zu generieren. Natürlich ist man auch mal frustriert, und das darf man auch sein. Entscheidend ist, es abzuhaken und mit kleinen Dingen neu anzufangen. Machen Sie zum Beispiel mal wieder etwas Verrücktes. Niemand verbietet Ihnen, mit einer Behinderung in die Disco zu gehen, nur weil es nicht dem Mainstream entspricht. Schwimmen Sie mal nackt, auch wenn Sie eine körperliche Einschränkung haben. Oder tun Sie einfach etwas, das Sie schon immer mal machen wollten, aber immer vor sich hergeschoben haben. Am besten zusammen mit Freunden, Partnern oder Kollegen.

Behinderung als Chance betrachten, nicht als Hindernis, das ist die Herausforderung, der wir uns als Gesellschaft stellen sollten. Darin steckt ein riesiges Potenzial, doch die Bereitschaft von Behinderten, die Welt mit anderen Augen zu sehen, andere Lösungen zu finden, wird noch viel zu selten genutzt. Sie ist in unserer Leistungsgesellschaft nicht besonders ausgeprägt. Allerdings gibt es eine Personengruppe, die das kann: Kinder. Kinder sehen die Welt mit unbelasteten Augen. Sie zeigen uns Menschen, wie wir auch sein können: unbefangen, neugierig, aufgeschlossen. Für Kinder ist meine Behinderung immer etwas Interessantes. Einmal fragte mich ein Kind, warum ich Gehstöcke benutze. Spontan sagte der Vater: »So was fragt man nicht.« Als ich es dem Kind erklärt hatte, sagte es begeistert zu seinem Vater: »Cool Papa, ich will auch zwei Extra-Beine haben.«

Zurück zum Umgang mit dem Begriff der Behinderung. Mir ist es wie gesagt egal, welches Schild mir jemand umhängt. Ob ich nun als Behinderter, als Mensch mit Handicap oder auch schon mal als *Behindi* bezeichnet werde (das ist zugegebenermaßen nicht besonders nett). Wichtig ist für mich aber nur eins: wie der Mensch, der da vor mir steht, mit mir umgeht. Ich gebe Ihnen nur mal ein Beispiel. Die meisten meiner Helfer und Freunde haben überhaupt keine Berührungsängste (alles andere wäre auch wirklich ein Problem), und zwar nicht erst, seit sie meine Helfer sind, sondern weil sie vorher schon keine Schranken im Kopf hatten. Sie sehen mich als normalen Mann, oft auch als ihren Kumpel. Und so sprechen sie auch mit mir. »Das ist ja total behindert«, ruft mein Helfer, wenn er etwas richtig scheiße findet. Leute, die mich nicht so gut kennen, zucken in diesen Momenten zusammen. Dabei ist das gar nicht nötig.

Natürlich finde auch ich es nicht gut, dass das Wort *behindert* im Deutschen als synonym zu *scheiße* benutzt wird. Aber es stört mich nicht groß. So redet man halt. Umgangssprachlich. Im Affekt. »Was für ein Spasti!«, höre ich oft, wenn sich jemand über einen anderen aufgeregt. Natürlich zeugt dieser diskriminierende Sprachgebrauch auch von der fehlenden Akzeptanz von Menschen mit Handicap in Deutschland, aber ich kann darüber lachen. Es ist doch ganz klar, dass auch ich mir wünsche, dass solche rhetorischen Verfehlungen irgendwann mal verschwinden. Aber nur weil jemand mit unbedachten Floskeln um sich schmeißt, heißt das nicht, dass er auch etwas gegen mich oder andere behinderte Menschen hat. Letztlich kommt es doch darauf an, wie er tatsächlich mit mir umgeht. Ob er mich wie jeden anderen jungen Mann behandelt, der auch mal einen Spruch abbekommen kann, oder ob er mich wie ein rohes Ei behandelt, mich verschämt und unsicher durch die Gegend schiebt und bloß darauf beschränkt ist, alles richtig zu machen. Das wird ohnehin nicht funktionieren. Wie bei jedem anderen Menschen auch kann man einem Behinderten nicht alles recht machen, also braucht man es auch gar nicht erst zu versuchen. Stattdessen sollte man uns so nehmen, wie wir sind. Und wenn mich wirklich mal etwas stört, dann sage ich das schon.

Kurzum: Auf das Handeln kommt es an, weniger auf eine superkorrekte Wortwahl. Manche Behinderten und Aktivisten mögen das anders sehen, aber für mich kommt die Inklusion, also die tatsächliche Einbeziehung von Behinderten ins gesellschaftliche Leben, vor puritanischer Sprachreinigung. Da ich mich selbst eben genauso sehe, wie ich von anderen gesehen werden möchte, nämlich als ganz normaler Mann Anfang dreißig, rede ich auch so, wie ein Mann Anfang dreißig eben redet. Auch ich sage nämlich ab und zu: »Boah, ist das behindert!« Das ist meines Erachtens kein Beinbruch. Worte entfalten erst dann eine zerstörerische Wirkung, wenn sie in einem bestimmten Kontext verwendet und mit einer bestimmten Intention gebraucht werden. In diesem Fall: Wenn sie dazu dienen sollen, jemanden wirklich zu beleidigen und zu verletzen. Das finde ich unerträglich. So wie ich jede Form von Bösartigkeit und Erniedrigung unerträglich finde.

Wir sollten uns mit mehr Gelassenheit begegnen und nicht immer gleich Diskriminierung wittern, wenn jemandem mal eine beiläufige Bemerkung rausrutscht. Sonst kommen wir nie dahin, dass wir Menschen mit Behinderung, mit Handicap oder körperlicher Einschränkung, wie auch immer man es nennen möchte, so behandeln, wie wir alle anderen auch behandeln: nämlich gleich.

Echte Integration von Menschen mit Behinderung kann nur über das gegenseitige Verständnis für und voneinander stattfinden. Deshalb habe ich meine Geschichte erzählt, um ein wenig mehr Verständnis für (m)ein Leben mit Handicap zu wecken. Ein Leben, dass ich nicht *trotz* der Behinderung, sondern *mit* meiner Behinderung führe. Ein Leben, das sehr erfüllend ist, auch wenn es mich manchmal vor hohe Hürden stellt. Aber diese Hürden gilt es zu überwinden. So wie jeder Mensch in seinem Leben vor hohen Hürden steht, ob nun behindert oder nicht-behindert.

Mein großer Wunsch ist es, mit diesem Buch ein wenig dazu beigetragen zu haben, den immer noch verbreiteten Schrecken vor dem Thema Behinderung zu nehmen. Vielleicht schaut der eine oder andere nach der Lektüre ja sogar mit anderen Augen auf Behinderte und begegnet ihnen demnächst im Alltag etwas anders als sonst. Dann hätte ich mehr erreicht, als ich zu hoffen wagte, als ich mit dem Schreiben dieses Buch angefangen und mich selbst mit meinem turbulenten Leben konfrontiert habe. Bis hierhin war es ein ziemliches Abenteuer, das dürfen Sie mir ruhig glauben. Und ich hoffe, dass noch viele weitere Abenteuer folgen werden. Rückschläge, Erfolge, vor allem aber reichlich Erfahrungen, aus denen ich schöpfen und von denen ich lernen kann.

Wenn wir es schaffen, Behinderte als ganz normale Mitmenschen zu sehen, deren Defizite einfach etwas offensichtlicher sind, als das bei nicht-behinderten Menschen der Fall ist, dann sind wir als Gesellschaft auf einem guten Weg. Einem Weg, von dem wir alle profitieren. Und der uns zu einem besseren Zusammenleben führt. Davon bin ich überzeugt. Und so möchte ich zum Schluss eine Bitte an Sie richten: Öffnen Sie die Augen und öffnen Sie Ihr Herz, wenn Sie das nächste Mal einen Menschen mit Handicap oder einfach einen Menschen, der etwas anders ist, treffen. Dann ändert sich das Denken wie ganz von selbst. Die Gesellschaft ändert sich nicht von heute auf morgen. Aber es wäre ein schöner Anfang.

208 Seiten
22,00 € (D) | 22,70 € (A)
ISBN 978-3-7423-1111-5

Cöln, Chistoph

Reife Leistung

Mit Sport dem Alter trotzen.
Inspirierende Geschichten
von Menschen über 70

Gibt es ein Mittel gegen das Altern? Ein Serum etwa? Ein Medikament? Einen Zaubertrank? Die Antwort ist im Grunde einfach, sie lautet: Sport!

Der Journalist Christoph Cöln zeigt am Beispiel von elf Seniorensportlern, wie man noch im hohen Alter Unglaubliches aus sich herausholen kann. Von der 94-jährigen Turnerin, die durch ihre Übungen zum YouTube-Star wurde, über zwei Mittsiebziger, die erst spät mit dem Skispringen anfingen und nun Deutschlands älteste aktive Athleten auf der Schanze sind, bis zum Läufer, der in seiner Altersklasse haufenweise Rekorde bricht und seinen Alltag auf den Sport ausrichtet – Christoph Cölns einfühlsame Porträts lüften das Geheimnis eines langen und gesunden Lebens, das auch die Wissenschaft zunehmend zu entschlüsseln vermag.

256 Seiten
18,00 € (D) | 18,60 € (A)
ISBN 978-3-7423-1741-4

Lange, Patrick

Becoming Ironman

Mein Weg zum Weltmeister
im Triathlon

Mit 3,8 km Schwimmen, 180 km auf dem Rad und 42 km Laufen gilt die Triathlon-Langdistanz als einer der härtesten Ausdauersportwettkämpfe der Welt. Der Weltmeister über die Ironman-Distanz wird auf Hawaii gekürt, dem mythischen Sehnsuchtsort der Triathlonszene. Patrick Lange hat das Rennen bereits zweimal gewonnen, er zählt zur absoluten Weltspitze der Triathleten. Sein autobiografischer Bericht erzählt von seinem sportlichen Werdegang, vom Traum, einmal bei der WM auf Hawaii dabei zu sein, von kleinen und großen Erfolgen, aber auch von Rückschlägen. Zugleich gibt Lange spannende Einblicke in seinen Trainingsalltag und das Mindset eines Profisportlers. Eine Geschichte über den Weg zum Erfolg im Ausdauersport – und eine darüber, dass dieser Weg nie gerade verläuft.

riva

Auch als E-Book erhältlich

224 Seiten
20,00 € (D) | 20,60 € (A)
ISBN 978-3-7423-2126-8

Flick, Hansi; Sierck, Jonathan

Im Moment

Über Erfolg, die Schönheit
des Spiels und was im
Leben wirklich zählt

Hansi Flick bekleidet nicht nur das höchste Amt im deutschen Fußball. Der leise Badener, der Journalistenfragen gern lächelnd und mit feiner Ironie kontert, gab bisher nur wenig von sich preis. Nun öffnet der Weltklassetrainer höchstpersönlich die Blackbox Hansi Flick. Am Beispiel zahlreicher Geschichten aus seinem Leben und seiner Karriere zeigt er, was der Fußball ihn gelehrt hat, wie man gestärkt aus Rückschlägen hervorgeht und was das Wichtigste im Leben ist: Familie und Freundschaft. Im Zentrum des Buches steht seine Führungsphilosophie, welche die Basis seiner Arbeit auf dem Platz und die Grundlage seines Erfolgs bildet.

riva